Von Ulli Olvedi ist außerdem erschienen:

Wie in einem Traum

Über die Autorin:

Ulli Olvedi ist diplomierte Qi-Gong-Lehrerin und ausgebildet in Atemarbeit, buddhistischer Psychologie und buddhistisch-tantrischer Energiearbeit. Auf dieser Basis entwickelte sie die »Integrale Energiearbeit« für westliche Menschen, die sie auch in Kursen und Workshops unterrichtet.
Sie ist außerdem als Dokumentarfilmautorin und Wissenschaftsjournalistin tätig und hat bereits mehrere Bücher veröffentlicht.

Ulli Olvedi

Energiebalance

Chinesische und tibetische Übungen
zur Entspannung und Energiebalance im Alltag

Besuchen Sie uns im Internet:
www.droemer-weltbild.de

Vollständige Taschenbuchausgabe 2001
Dieser Titel ist in der Hardcover-Ausgabe
unter »Harmonie der Energien« erschienen.
Droemersche Verlagsanstalt Th. Knaur Nachf., München
Copyright © 1999 Droemersche Verlagsanstalt Th. Knaur Nachf., München
Alle Rechte vorbehalten. Das Werk darf – auch teilweise –
nur mit Genehmigung des Verlages wiedergegeben werden.
Umschlaggestaltung: ZERO Werbeagentur, München
Umschlagabbildung: Photonica, Hamburg
Satz: Ventura Publisher im Verlag
Druck und Bindung: Nørhaven A/S
Printed in Denmark
ISBN 3-426-87127-0

2 4 5 3 1

Inhalt

Einführung 9

Vorbereitung
Wie man übt 19

Übungen zum Tagesbeginn
Nach dem Aufstehen 33
   Himmel-Erde-Mensch I 33
   Himmel-Erde-Mensch II 36
   Der Tiger wacht auf 41

Übungen für freie Tage
Zeit, Ruhe und Bereitschaft 47
Richtig atmen 48
   Windstille 52
   Froschatmung 54
Übungen zur Entspannung 56
   Der Tiger ruht 57
   Die drei Vorbereitungen 64
   Das Innere Lächeln 68
Die Pflege der Energiebahnen 74
   Der Bär schüttelt sich 74
Die Pflege der Wirbelsäule 77
   Der Tanz des Drachen 78
Verbindung mit den Naturenergien 82
   Mit einem Baum Energie austauschen 83
   Die Energie von Blumen und Kräutern
   aufnehmen 86
   Stehen wie ein Baum 88

Das Geheimnis des Mondes 89
  Die Mondenergie einladen 91

Übungen zum Tagesausklang

Die Nachtwelt betreten 97
  Das Tor zum Schlaf öffnen 97
  Bewußt einschlafen 98
Das Nachtbewußtsein 100
  Die Brücke zum Traum 101

Übungen für jeden Tag

Pflege der Knie 107
Kleine Übungen
für Gefangene des Schreibtischs 111
Die Fahrt zur Arbeit nützen 114
Übungen beim Spazierengehen 118

Übungen mit Kindern

Kinder sollen fühlen dürfen 123
  Katzenbuckel 124
  Schmetterling 125
  Tierspiele 126

Übungen für die Partnerschaft

Sexuelle Energie 131
Weibliche und männliche Energie 137
  Die weibliche Energie aktivieren 140
  Die Energie des Herzens wecken 141
  Sexuelle Energie veredeln 145
Störungen der sexuellen Energie 148
Vitale Energie anreichern 150
  Energieatmung 151
  Energie verteilen 152

Übungen im Krankenbett

Selbstheilung 157
   Selbstheilung mit den Händen 161
   Selbstheilung durch das Innere Lächeln 166
Geistiges Heilen 170
   Meditative Selbstheilung 170
   Angst auflösen 173

Heilen

Andere heilen 177
   Kranke Energie ableiten 178
   Heilende Energie zuführen 179
Tiere heilen 181

Meditation

Die Ebenen der Energie 185
Stufen der Meditation 188
   Meditation nach tantrischer Tradition 194
   Zweiheit und Einheit 197

Nachwort 201
Dank 203

Einführung

Stellen Sie sich vor, Sie stehen auf der Autobahn im Stau, und Sie haben es, wie zumeist, eilig. Endlose Autoschlangen vor Ihnen und hinter Ihnen und keine Ausfahrt in Sicht.
Vergegenwärtigen Sie sich das Gefühl wütender Ohnmacht, das in Ihnen aufsteigt. Sie fühlen sich gefangen, sehen sich als Opfer der Willkür des Schicksals. Sie lauern auf die kleinste Bewegung in der Schlange vor Ihnen; jeder im ersten Gang schneckenlangsam gewonnene Meter ist ein mit zusammengebissenen Zähnen errungener Sieg. Die Nerven beginnen zu flattern. Es ist, als wollte diese qualvolle Situation nie und nimmermehr enden.
Bei solchen alltäglichen Gelegenheiten geraten wir allzu leicht aus der Balance – oder genauer: Der Mangel an Harmonie unserer subtilen Energien zeigt sich in aller Deutlichkeit. Vom Standpunkt der Energiearbeit aus ist dies jedoch kein Problem, denn eine Situation dieser Art, die wir normalerweise auf unsere Horrorliste setzen, kann als willkommene Herausforderung betrachtet werden, die nachdrücklich zur Praxis des Harmonisierens unserer subtilen Energien anregt.
Nehmen wir also diese Situation des Staus. Der erste Schritt besteht darin, daß Sie sich Ihrer Befindlichkeit klar bewußt werden und damit eine kleine Distanz aufbauen. Sagen zu können: »Oh, bin ich wüüüüütend! Das tut weh!« bedeutet eine winzig kleine Distanz. Und diese wiederum ermöglicht ein inneres Innehalten. Nun haben Sie die Chance zum Entschluß, nicht in diesem wütenden Zustand bleiben zu wollen. Man sollte meinen, das sei selbstverständlich, doch das ist es keineswegs. Allzu schnell ist das Argument zur Hand, in solch

einer ekelhaften Situation *könne* man einfach gar nicht anders, als wütend zu sein!
Wenn Sie sich dazu durchgerungen haben, tatsächlich nicht mehr wütend sein zu wollen, folgt der nächste Schritt: Sie kehren aus der Wutgeschichte in Ihren Körper zurück. Sie spüren sich wieder, und Sie stellen fest, wie weit Sie davon entfernt waren, Ihren Körper wahrzunehmen. Sie spüren, daß Sie sitzen, und Sie spüren, daß Sie atmen. Ah ja, denken Sie jetzt vielleicht, tief durchatmen heißt es immer! Nicht von ungefähr: Aufmerksames Atmen bringt uns tatsächlich in unser Körpergefühl zurück. Und tiefes Atmen, das den Körper stark bewegt, macht es noch ein bißchen leichter.
Ein weiterer Schritt bringt Sie noch näher an sich selbst heran: Sie richten Ihre Aufmerksamkeit auf den Unterbauch und versuchen, dort zu bleiben. Spüren Sie den Raum, der von den Beckenknochen und der Bauchdecke gebildet wird, und achten Sie auf das Dehnen und Zusammenziehen dieses Raums, wenn Sie in den Bauch atmen. Sie können auch das Bild einer leuchtenden Lichtkugel zu Hilfe nehmen, um Ihre Wahrnehmung im Bauch zu verankern.
Dazwischen wird sich mit einiger Wahrscheinlichkeit immer wieder der Gedanke an die unangenehme Situation des Staus aufdrängen, doch der damit verbundene Ärger nimmt an Intensität ab. Schließlich verschwindet er völlig, und Sie können die Zeit sinnvoll nützen, die Ihnen der Stau zur Verfügung stellt: Üben Sie in der beschriebenen Weise, Ihre Energie aus dem Kopf in den Unterleib hinunterzuziehen und auf eine Harmonie der Energie hinzuarbeiten.

Entspannung und Freude

Die Harmonisierung der Energie ist ein stufenweiser Prozeß, und man sollte dabei keine Stufe überspringen. Energiearbeit ist etwas Neues, Unbekanntes in unserer Kultur, und die typisch westliche Ungeduld kann dazu verführen, daß man schnelle Resultate spüren möchte. Doch da beißt sich das Krokodil in den Schwanz: Um sich selbst wirklich spüren zu können, bedarf es der tiefen, körperlich-geistigen Entspannung; sie ist die Grundlage aller Energiearbeit, aber noch nicht die Energiearbeit selbst.

Wer nun denkt: »Die Entspannung lasse ich weg und gehe gleich zum Interessanteren über«, stellt sich selbst ein Bein. Denn das, was dann möglicherweise spürbar wird, kann, wenn es körperlich auftritt, schmerzhaft, oder wenn es geistig auftritt, verwirrend und sehr beunruhigend sein. In der chinesischen Tradition rät man den Schülern, falls sie zum Beispiel Kopfschmerzen von der Energiearbeit bekommen, einfach so lange weiterzumachen, bis es nicht mehr schmerzt; und falls sie – als Lehrling eines Einsiedlers in den Bergen – ein bißchen überschnappen, ist das nicht so tragisch, denn mit der Zeit und bravem Üben legt sich das wieder. So wird zumindest behauptet. Doch wir tun gut daran, solche Stolpersteine von vornherein zu umgehen, indem wir geduldig eine gute Basis für die Energiearbeit aufbauen.

Die Übungen in diesem Buch sind für den Alltag gedacht und recht unverfänglich. Dennoch gilt für jede wie immer geartete Arbeit an und mit sich selbst die Regel, daß man mit Respekt und Achtsamkeit vorgehen sollte. Wobei das allerwichtigste Element die Freude ist. Natürlich kann man Freude nicht willentlich produzieren, doch man kann die rechte Voraussetzung für ihre Entfaltung schaffen. Diese rechte Voraussetzung entsteht durch die geistige Einstimmung, durch die Bereitschaft, Beziehung zu sich selbst aufzunehmen.

Westliche Menschen leiden in erster Linie unter Isolation. Wir fühlen uns isoliert von den anderen, von der Natur, sogar von uns selbst. Ein stehendes Gewässer, das keinen Zufluß und Abfluß hat, stirbt über kurz oder lang; man sagt, »es kippt um«.

Menschen geht es ebenso. Wenn ihre Energie nicht fließt, wenn es keinen Austausch gibt – sei es der Austausch zwischen den organischen Systemen, der Austausch mit Menschen und Tieren, der Austausch mit den Energien der Natur oder der Austausch auf der spirituellen Ebene mit der »göttlichen« Energie –, werden sie krank und unglücklich. Psychosomatische und psychische Krankheiten sind primär energetischer Natur; sie beruhen auf einer Störung im harmonischen Zusammenspiel der Körper-Geist-Energie.

Den Umgang mit der »Energieebene«, wie wir sie kurz nennen wollen, kann man zu einem natürlichen Teil des Lebens machen. Weder braucht man besonders viel Zeit dazu, noch verlangt es außergewöhnliche Fähigkeiten, was Konzentration oder Geduld betrifft. Nur eines ist nötig: Man muß wirklich etwas für sich selbst tun wollen!

Was ist »subtile Energie«?

Obwohl verschiedene Kulturen unterschiedliche Namen für das Phänomen »subtile Energie« haben, handelt es sich dennoch stets um dieselben Prinzipien. Unsere abendländisch-christliche Kultur hat keinen eigenen Namen dafür. Die Fähigkeit des Umgangs mit der subtilen Energie ist mit unserer ursprünglichen nordeuropäischen Kultur verlorengegangen, als das aus dem Orient kommende Christentum die alte Kultur auslöschte. Daher verwenden wir einen Begriff, der sich bisher nur auf ein äußeres Phänomen bezog, das nicht sichtbar ist, aber dennoch wirkt – »Energie«.

Daß in unserem Körper Energie am Werk ist, damit wir am Leben bleiben, wird allgemein anerkannt. Energie ist, was nach der Auswertung der Nahrung, die wir zu uns nehmen, übrigbleibt. Sie erwärmt uns spürbar und ermöglicht uns Bewegung auf der körperlichen wie auf der psychischen Ebene. Auch der Atem bringt subtile Energie; in manchen alten Kulturen schließt das Wort für subtile Energie den Atem mit ein.

Nicht nur körperliche Anstrengung, auch jeder Gedanke erfordert Energie. Wenn Sie Ihre Denkfähigkeit heftig strapaziert haben, sind Sie erschöpft. Und daß Emotionen reichlich energiehaltig sind, haben Sie mit Sicherheit jedesmal erlebt, wenn Sie sehr wütend oder eifersüchtig waren oder große Angst hatten.

Wenngleich wissenschaftlich nicht bestätigt, hat sich die subtile Energie längst in unseren alltäglichen Sprachgebrauch eingeschlichen: »Heute habe ich gar keine Energie« – »Steigern Sie Ihr Energieniveau« – »Die Pille Sowieso stärkt die sexuelle Energie« usw. In der Tiefenpsychologie spricht man von »psychischer Energie«. Und »Energiearbeit« – die diversen Methoden zur Einwirkung auf die subtilen Energien – beginnt zu einem allgemein bekannten Begriff zu werden. Sie umfaßt traditionelle Systeme wie auch moderne Varianten, so etwa das aus China kommende *Qi Gong* oder das in Japan entwickelte *Reiki*. Jede dieser Formen ist mehr oder weniger an den grundlegenden Prinzipien orientiert, nach denen die subtile Energie funktioniert. Traditionelle Formen haben ihre jeweilige kulturelle Verpackung; neue Systeme sind, absichtlich oder unabsichtlich, oft in Mystifikationen eingekleidet. Doch die Prinzipien sind immer dieselben, unabhängig von der Präsentation.

Die Übungen in diesem Buch sind aus verschiedenen Traditionen herausgelöst, die unterschiedliche Systeme der Energiearbeit entwickelt und der subtilen Energie eigene Namen gegeben haben. Um ein Durcheinander zu vermeiden, werden hier diese Namen – *Qi*, *Lung* oder *Prana* – durch den Begriff »subtile Energie« oder einfach »Energie« ersetzt, ebenso wie die originale kulturelle Einkleidung durch eine Erklärung der Prinzipien ersetzt wurde. Da wir keine Chinesen, Tibeter oder Inder sind, bringt uns die jeweilige kulturelle Verpackung nur in Verwirrung, denn sie verführt dazu, kulturelle Gewohnheiten und Überzeugungen mit grundlegenden Prinzipien zu verwechseln.

Die subtile Energie verbindet Körper und Geist miteinander. Anstatt Körper-Seele-Geist sagen wir hier Körper-Energie-Geist. Das läßt sich mit der folgenden Formel verstehen:

Das Äußere des Körpers ist die Form. Das Innere des Körpers ist Energie. Das Äußere des Geistes ist das Denken. Das Innere des Geistes ist Energie. Das macht deutlich, daß Körper und Geist im Inneren auf der Ebene der Energie untrennbar miteinander verbunden sind, auch wenn wir auf der äußeren Ebene, mit der wir üblicherweise identifiziert sind und auf der wir unsere Erfahrungen machen, die beiden als getrennt auffassen und behandeln. Daß dem so ist, können wir allein schon daran feststellen, daß wir selten ganz mit der Situation verbunden sind, in der sich unser Körper befindet: Wir gehen im Park spazieren und sind im Geist im Büro oder wiederholen vielleicht eine Auseinandersetzung mit dem Partner oder der Partnerin im heimischen Wohnzimmer. Wir fahren mit dem Auto durch die Stadt und denken dabei an den zukünftigen Urlaub. Wir tun irgendwelche Dinge, während die Gedanken ganz woanders herumschweifen. Die Energien von Körper und Geist sind getrennt, und das verursacht Probleme.

Energiearbeit ist der direkte Weg, mit Körper und Geist als

Ganzheit in Kontakt zu kommen. In diesem Buch werden einfache, grundlegende Übungen vorgestellt, die sich an die chinesische und tibetische Tradition anlehnen, jedoch, wie gesagt, ohne deren kulturelle Einkleidung mitzuliefern. Dieses Verfahren muß jedoch nicht auf Kosten des großen Zusammenhangs und der geistigen Dimension gehen. Energiearbeit befaßt sich mit der Energie von Körper und Geist, und ihre Wirkung ist so flach oder so tiefgreifend, wie es unserem Verständnis beim Üben entspricht. Jeder Mensch ist potentiell mit der Fähigkeit ausgerüstet, zu lernen, wie man mit den inneren Energien in Verbindung kommt und auf sie einwirkt, und so geht es im wesentlichen darum, daß man genau weiß, was man tut und worauf man achten muß. Mit klarem Verständnis und aufmerksamem Umgang mit sich selbst kann man verhindern, daß man an der Oberfläche hängenbleibt oder aber die Energiearbeit zur gefährlichen Unterhaltung degradiert.

Obwohl die hier vorgestellten Übungen sehr einfach sind, sollte man sie auf keinen Fall unterschätzen, sowohl was ihre positiven als auch was ihre möglichen negativen Wirkungen betrifft. Daher ist es wichtig, sich genau an die Anleitungen zu halten und nicht blind herumzuexperimentieren.

Vorbereitung

Wie man übt

Es gibt Übungen mit und ohne Bewegungen, Übungen im Stehen und im Sitzen und ebenso im Liegen. Dabei ist die korrekte Körperhaltung von großer Bedeutung, denn in unserem Körper verlaufen Energiebahnen, deren Energiefluß auch durch die Haltung des Körpers beeinflußt wird. Achten Sie deshalb sorgfältig darauf, welche Körperhaltung Sie bei der Praxis der Energiearbeit einnehmen.

Stehen

Übungen mit Bewegung werden im Stehen ausgeführt und beginnen immer damit, daß man diese Haltung aufmerksam einrichtet. Vielleicht denken Sie, Stehen sei etwas so Gewöhnliches, daß man sich nicht weiter darum kümmern müsse. Doch in Wirklichkeit gibt es viele Details, die wir beachten sollten, damit wir aus einem guten Stand heraus üben können. Wie wichtig der gute Stand – im direkten wie im übertragenen Sinn – ist, sagt ein Gedicht aus dem *Tao te King* des klassischen Meisters Lao tse:

> *Wer auf den Zehen steht,*
> *steht nicht fest.*
> *Wer mit gespreizten Beinen geht,*
> *kommt nicht voran.*

Die Füße

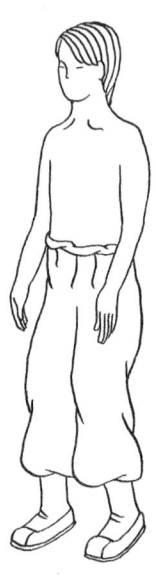

Stehen Sie aufrecht, die Füße ein wenig auseinandergestellt, und durchlaufen Sie mit Ihrer Aufmerksamkeit nun den ganzen Körper. Schauen Sie zunächst die Stellung Ihrer Füße an: Zeigen die Zehen nach außen oder nach innen, oder stehen die Füße parallel? Wie immer Ihre Ausgangslage sein mag – versuchen Sie es auch mit den anderen Positionen. Wie fühlt sich eine jede an? Grundsätzlich gilt, daß Sie eine Übung im Stehen intensivieren können, indem Sie die Zehen mehr nach innen richten, und sie abschwächen, indem Sie die Zehen mehr nach außen richten. Am besten beginnt man mit einer Übung im Stehen mit parallel stehenden Füßen; dann kann man nach innen oder außen hin korrigieren, je nachdem, wie intensiv die Übung wirken soll.

Die Knie

Die Haltung der Knie ist besonders wichtig. Ihnen wird so viel abverlangt, und gleichzeitig sind sie höchst kompliziert gestaltet. Wenn sie den Dienst verweigern, ist unser gesamtes Lebensgefühl gewaltig beeinträchtigt. Das weiß jeder, der einmal Meniskusprobleme hatte.
In der chinesischen Tradition heißt es, das Altern des Körpers beginne in den Knien. Deshalb wurde der Pflege der Knie viel Aufmerksamkeit gewidmet. Ihre Geschmeidigkeit sichert ihre

Kraft bis ins hohe Alter. In unserem Sprachgebrauch ist die Rede von »in die Knie gehen« und daß einem »die Knie weich werden«, wenn einen die Kraft verläßt. Doch angemessener wäre es zu sagen, daß die Knie zusammenbrechen.

In der chinesischen Tradition zitiert man dazu das Bild von der schwachen Weide und der starken Kiefer. Die biegsamen Zweige der Weide, die dem Sturm nachgeben können, ohne zu brechen, symbolisieren »die Stärke in der Schwäche«. Die harten, starren Äste der Kiefer, die nicht nachgeben, sondern nur brechen können, stehen für »die Schwäche in der Stärke«.

Beide Qualitäten vereinigen sich im Bambus, und deshalb ist der Bambus eines der wichtigsten Symbole für die Harmonie von Yin und Yang, Sanftheit und Kraft, Biegsamkeit und Aufgerichtetsein.

Wenn Sie mit lockeren Knien stehen, haben Sie nicht das Gefühl bolzenharter Unnachgiebigkeit, auf welches sich zum Beispiel das Militär stützt. Vielmehr sind Sie beweglich, können leicht ausweichen und verlieren bei weitem nicht so leicht das Gleichgewicht, wie es mit durchgedrückten Knien der Fall ist.

Demnach steht man bei allen Übungen, die im Stehen ausgeführt werden, mit lockeren, federnden Knien. Spezielle Übungen für die Knie helfen, Stauungen und Blockaden zu beseitigen. Selbst wenn Ihre Knie nicht mehr die jüngsten sind, läßt sich ihre Verfassung nachhaltig verändern, wenn Sie sich nur jeden Tag einmal ein wenig Zeit für die Knieübungen (Seite 93) nehmen.

Die Wirbelsäule

Ob Sie stehen, auf dem Stuhl sitzen oder – falls Ihnen das keine Probleme bereitet – auf einem Sitzkissen üben, ist die aufgerichtete Wirbelsäule von zentraler Bedeutung. Manchem mag es schwerfallen, sich wirklich aufzurichten, und selbst wenn einem das Gefühl sagt, dies sei nun eine aufgerichtete Haltung, kann es möglicherweise von außen ganz anders aussehen.

Eine gewohnheitsmäßig gebeugte Haltung, hochgezogene Schultern, ein zusammengezogener Nacken, ein Hohlkreuz – mit alledem können wir leben, ohne es bewußt wahrzunehmen. Der Versuch, mit Gewalt eine perfekte Haltung einzunehmen, führt zu Verkrampfungen, hat jedoch im übrigen wenig Erfolg. Der berühmte Stoß in den Rücken des Schulkindes und die unsensible Aufforderung »Sitz gerade!« hat noch keine kindliche Wirbelsäule zurechtgerückt, sondern höchstens noch den Angstkrampf in die Schultern getrieben. Das Trainieren der stützenden Muskulatur hilft natürlich, doch das wahre Aufrichten der Wirbelsäule geschieht von innen heraus, so daß sie vom freien Fluß der Energie getragen wird.

Dennoch sollten wir, so gut es geht, diesen Prozeß durch eine Annäherung an eine aufgerichtete Haltung unterstützen. Stellen Sie sich vor, daß Ihr Kopf wie bei einer Marionette an seinem höchsten Punkt aufgehängt ist – Sie können diese Vorstellung dadurch unterstützen, daß Sie an dieser Stelle ein wenig an den Haaren ziehen. Und nun spüren Sie in die verschiedenen Abschnitte der Wirbelsäule hinein – Halswirbelsäule, Brustwirbelsäule, Lendenwirbelsäule. Eine weitere Vorstellungshilfe ist das Bild einer Kerzenflamme in einem ruhigen Raum. Stellen Sie sich vor, daß Sie sich aufrichten wie die Flamme, leicht und frei. Mit der Praxis der Energieübungen, der inneren wie der äußeren, wird sich Ihre Wirbelsäule nach und nach immer mehr aufrichten.

Das Becken

Auch auf die Stellung des Beckens sollten Sie achten, vor allem beim Stehen. Bewegen Sie das Becken vor und zurück, und versuchen Sie dann, es in der Mitte »hängen« zu lassen. Auch hier gilt wieder, daß Gewohnheiten bestimmte Haltungsmuster geprägt haben, die sich nicht von heute auf morgen ändern lassen. Doch der stete Tropfen höhlt den Stein, und stetige Praxis der Energiearbeit baut auch Haltungsschäden ab.

Die Atmung

Grundsätzlich gilt, daß der Atem ruhig, langsam und sanft sein sollte. Wenn man ihn gezielt einsetzt, muß man dabei sehr achtsam sein. Er kann ein wunderbares Transportmittel der Aufmerksamkeit sein – indem man zum Beispiel dort im Körper »hinatmet«, wo man die Aufmerksamkeit konzentrieren möchte. Doch er kann, falsch eingesetzt oder aufgrund unbewußter falscher Atemmuster, auch blockierend wirken. Deshalb sollten Sie den Atem nie einfach vergessen, sondern ihn nach Möglichkeit zur Ruhe kommen lassen und dann mit ihm verbunden bleiben. Wenn beim Üben häufig Atemprobleme auftreten, ist das ein Zeichen, daß atemtherapeutische Hilfe nötig ist.

Sitzen

Abendländer sind das Sitzen auf dem Stuhl gewohnt. Wir sitzen ständig auf Stühlen – beim Essen, in der Schule, am Schreibtisch, am Steuer, vor dem Fernseher usw. Deshalb liegt

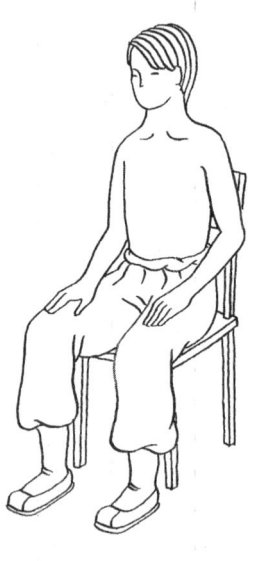
es nahe, auch Energiearbeit auf dem Stuhl zu praktizieren. Wem es leichtfällt, gerade aufgerichtet auf einem Sitzkissen zu sitzen, zieht diese Position natürlich vor. Sie hat den Vorteil, daß man sich dabei besonders gut geerdet und geborgen fühlen kann.

Beim Sitzen auf dem Sitzkissen sollte es Ihnen leichtfallen, Becken und Wirbelsäule aufzurichten, so daß Sie sich gut verankert fühlen. Empfinden Sie das Sitzen auf dem Boden jedoch als unbequem, sollten Sie sich nicht quälen und für die Entspannungs- und Energiearbeit lieber den Stuhl wählen.

Wenn Sie auf dem Stuhl sitzen, halten Sie Ihre Wirbelsäule und Ihr Becken möglichst gerade. Bei *Entspannungsübungen* können Sie sich anlehnen, sofern die Lehne gerade ist. Setzen Sie sich in diesem Fall ganz hinten auf den Stuhl. Auch ein guter Bürostuhl kann geeignet sein. Die Höhe des Stuhls sollte Ihnen erlauben, die Beine im rechten Winkel aufzustellen, so daß die Fußsohlen guten Kontakt mit dem Boden haben. Ist der Stuhl zu hoch, legen Sie eine gefaltete Decke unter die Füße.

Stellen Sie die Beine mindestens in Schulterbreite auseinander, das gibt einen festen, stabilen Sitz. Die Hände liegen am besten mit den Handflächen nach unten oder, wenn Ihnen das lieber ist, nach oben gerichtet auf den Oberschenkeln.

Bei *Energieübungen* im Sitzen ist es vorteilhaft, wenn Sie sich auf das vordere Drittel des Stuhls setzen und die Wirbelsäule frei aufrichten. Spüren Sie hinein in die besondere Qualität der Würde und der Souveränität, die in dieser »Haltung der Könige« liegt. Ihr Rücken vermittelt Ihnen das Gefühl von Stärke. Ihre Vorderseite – Brust, Bauch, Genitalien – ist ungeschützt, sanft, offen, empfänglich. Diese Haltung beinhaltet Stärke und Berührbarkeit zugleich. Die Schultern sind aufgerichtet, der Kopf erhoben – eine Haltung der Furchtlosigkeit. Achten Sie auf Ihr Gefühl. Sagt Ihnen diese Haltung vielleicht: »Was kann mir schon geschehen – außer dem Tod, und der ist sowieso sicher!«?

Lockern Sie Ihre Kiefermuskeln und Ihren Mund. Dadurch kommt noch ein weiterer Aspekt dazu: eine leise, wärmende Heiterkeit, der Nährboden des Humors. Humor bedeutet natürlich nicht, unfreundliche Witze mit scharfer Pointe zu erzählen oder über das Mißgeschick anderer zu lachen. Humor ist ein natürlicher Ausdruck von Herzenswärme und Offenheit.

Liegen

Übungen vor dem Einschlafen sind naturgemäß mit der liegenden Haltung verbunden, und wenn Sie krank sind, können Sie diverse Übungen, bei denen man üblicherweise sitzt, auch im Liegen praktizieren. Das Liegen hat den Nachteil, daß die Konzentration bei weitem anfälliger ist als im Sitzen und Stehen, und die Gedanken wandern leicht weg oder man döst ein. Auch ist die Wirkung der Übungen schwächer.

Grundsätzlich sollte man Übungen im Liegen mit einem guten Einfühlen in den Körper beginnen. Legen Sie sich auf den Rücken, und spüren Sie, wie Sie getragen werden. Wandern

Sie mit Ihrer Aufmerksamkeit durch alle Körperbereiche – am besten in der Form der Entspannung von außen nach innen, wie sie auf Seite 57 beschrieben ist –, und vergewissern Sie sich, daß Sie sich ganz locker dem tragenden Untergrund anvertrauen können. Stellen Sie sich vor, daß Sie sinken, sinken ... Selbst wenn Sie auf einer harten Matte üben sollten, wird sich nach einiger Zeit das Gefühl des Einsinkens in den Untergrund einstellen, ein Zeichen dafür, daß Ihr Körper sich entspannt. Erst dann sollten Sie mit der Übung beginnen.

Anfang – Mitte – Ende

Man kann Energieübungen in kleinen Portionen über den Tag verstreut einsetzen. Diese unmittelbare Anwendung macht den Reiz der alltäglichen Praxis der Energiearbeit aus. Doch ohne Rücksicht auf die Form kann man Energiearbeit nicht richtig erlernen. Das ist ähnlich wie beim Autofahren. Als Anfänger müssen Sie darauf achten, wann Sie die Kupplung treten und in welchen Gang Sie schalten müssen. Jeder Handgriff bedarf der bewußten Aufmerksamkeit. Ein erfahrener Autofahrer vollzieht jedoch alle diese Handgriffe automatisch, ohne Fehler zu machen.
Achten Sie also zu Beginn Ihrer Energiearbeit gut auf die Form, so als säße der »Fahrlehrer« neben Ihnen. Das wichtigste dabei ist, ganz bei der Sache zu sein. Jede Situation hat einen Anfang, eine Mitte und ein Ende. Dann beginnt eine neue Situation, und diese hat wiederum einen Anfang, eine Mitte und ein Ende, und so geht es immer weiter. Je achtsamer wir mit diesem Prinzip verbunden sind, desto vollständiger, erfüllter und damit auch befriedigender ist die Situation. Alles, was existiert, unterliegt diesem Prozeß. Man könnte sagen, daß es immer eine Voraussetzung gibt, dann einen Prozeß und

schließlich ein Ergebnis. In der tibetischen Tradition spricht man von »Basis, Pfad und Reife«.
Der Prozeß einer Energieübung umfaßt also Anfang, Mitte und Ende. Wir westlichen Menschen sind ungeduldige Leute, und wir haben oft das Gefühl, ganz schnell »zur Sache« kommen zu wollen. Angehörige alter Kulturen empfinden dies als barbarisch. Wenn Menschen solcher Kulturen miteinander konferieren, verlangt zum Beispiel der traditionelle Höflichkeitskodex, daß man nicht gleich mit der Tür ins Haus fällt. Zuerst erkundigt man sich nach der Gesundheit und dem Wohlergehen des anderen und seiner Familie und spricht ein wenig über allgemeine Themen. Dann erst präsentiert man das eigentliche Anliegen, und zum Schluß tauscht man noch einmal Höflichkeiten aus, gibt dem Wunsch nach einem weiteren erfreulichen Verlauf der Dinge Ausdruck oder wünscht dem anderen Glück und Erfolg, je nach Art und Weise der jeweiligen Tradition.

Anfang

Den Anfang einer Energieübung bildet stets eine gute Entspannung von Körper und Geist. Aus der chinesischen Tradition kommen die »drei vorbereitenden Übungen«, die im weiteren Verlauf genau beschrieben werden. Vor allem Anfänger sollten sich reichlich Zeit lassen mit dieser Vorbereitung, denn sie bildet den Boden für alles Weitere. Wie tragfähig dieser Boden der Entspannung schließlich ist, wird davon bestimmt, wie geduldig und bereitwillig man sich mit der vorbereitenden Entspannung befaßt hat. Selbst bei einer ganz kurzen Übung sollte ein ordentlicher Anfang nicht vergessen werden. In diesem Fall genügt es, kurz in die Sitz- oder Stehhaltung hineinzuspüren, die Hände auf den Bauch zu legen und eine bis zwei Minuten lang die Aufmerksamkeit auf den Atem zu richten.

Mitte

Der Mittelteil der Übung ist entweder die ausführliche Entspannungsübung, die als vollständige Übung für sich stehen kann, oder die Energieübung.

Ende

Das aufmerksame Abschließen einer Übung ist ebenfalls von großer Bedeutung. Am Anfang mag es Ihnen schwerfallen, aufmerksam bei der Sache zu bleiben. Vielleicht haben Sie plötzlich gar keine Lust mehr weiterzuüben. Das Bedürfnis, aufzuspringen und etwas anderes zu tun, kann sehr stark sein. Oder Sie vergessen die Situation völlig, verfangen sich in einem Tagtraum, sind mit irgendeinem Thema Ihres Lebens beschäftigt, und wenn Sie dann daraus aufwachen, haben Sie den Faden verloren. Die anfängliche Faszination, mit der Sie in die Übung eingestiegen sind, ist dahin. Dann denken Sie vielleicht: Jetzt lohnt es sich nicht mehr weiterzumachen. Doch das ist keine gute Idee. Es ist so, als würde ein Gärtner mitten beim Einpflanzen eines Setzlings aufhören, bevor er richtig eingebettet ist. Auf diese Weise bringt man nichts zum Wachsen.
Beenden Sie die Übung damit, daß Sie mit Ihrer Aufmerksamkeit wieder in den Körper, in die Haltung, in das Körpergefühl zurückkehren. Legen Sie die Hände auf den Bauch, atmen Sie hinunter in das Becken, und verbinden Sie sich mit der Mitte *(Nabelzentrum, Hara, Unteres Dantien);* das hilft Ihnen, sich wieder zu erden.

Die Art und Weise, wie Sie mit der Energiearbeit beginnen, wirkt prägend und wird sich dann so fortsetzen. Wenn Sie von Anfang an ein wenig Disziplin einhalten, bauen Sie damit ein

Muster auf, eine bestimmte Form, an die Sie sich allmählich gewöhnen. Sie wird Ihnen immer selbstverständlicher, und nach einiger Zeit halten Sie diese Form ganz mühelos ein.
Harmonie schließt Extreme aus. Es gibt auch ein Zuviel an Disziplin, ein verbissenes, gewaltsames Vorgehen, mit dem man Ergebnisse zu erzwingen versucht. Durch einen gewissen Anteil an spielerischer Haltung läßt sich das verhindern. Deshalb tragen die Übungen teilweise bildhafte Titel, wie es vor allem in der chinesischen Tradition üblich war. »Der Tiger wacht auf«, »Der Tanz der Schlange« und andere Bezeichnungen geben den Übungen einen spielerischen und auch poetischen Charakter, der den allzu strengen, eindimensionalen Begriff »Übungen« auflockern soll.

Die geistige Haltung

Erwarten Sie keine Sensationen! Energiearbeit ist eine leise Angelegenheit. Meistens spüren Sie nur wenig – vielleicht momentan eine gewisse Beruhigung oder Belebung und vielleicht sogar einmal eine deutliche Veränderung des Bewußtseinszustands. Bleibende Veränderungen hingegen treten nur sehr langsam und zunächst kaum wahrnehmbar in Erscheinung.
Noch ist die Energiearbeit überschattet von Mystifizierungen und Vorstellungen, die sich an spektakuläre Berichte aus asiatischen und indianischen Kulturen anhängen. Erwarten Sie keine aufregenden Erlebnisse, kein inneres Kino, und versuchen Sie nicht, sich in irgendwelche tollen Zustände hineinzusteigern. Das würde den Lernprozeß hemmen und möglicherweise sogar Ihr inneres Gleichgewicht beeinträchtigen.
Der Unterhaltungswert echter Energiearbeit ist gering. Statt dessen beschert sie einen Zuwachs an geistiger und körper-

licher Gesundheit und ein grundlegendes Wohlbefinden, das uns unvermeidliche Ärgernisse, Krankheiten oder Schicksalsschläge viel leichter bewältigen läßt.

Mit den Übungen in diesem Buch können Sie in die Welt der Energiearbeit »hineinschnuppern«. Wer konsequent praktizieren möchte, sollte jedoch einen kompetenten Lehrer bzw. eine Lehrerin suchen. Die regelmäßige Energiearbeit löst einen Entwicklungsprozeß aus, der einer gewissen Begleitung bedarf. Außerdem hat die Praxis in der Gruppe den großen Vorteil, daß ein subtiles Energiefeld entsteht, von dem jeder mitgetragen wird. Auch der Austausch der Erfahrungen ist eine wichtige Hilfe bei dieser Expedition in ein unbekanntes inneres Gebiet.
Am Anfang ist es nicht einfach, ganz allein zu üben. Suchen Sie nach Möglichkeit Gleichgesinnte in der Familie oder im Freundeskreis, mit denen Sie gemeinsam üben können. Vielleicht gelingt es Ihnen sogar, eine kleine Übungsgruppe zusammenzustellen. Aber selbst wenn Sie nur zu zweit sind, fällt das Üben, wie Sie feststellen werden, viel leichter und ist wesentlich intensiver.

Übungen zum Tagesbeginn

Nach dem Aufstehen

Wenn Sie morgens aufwachen oder der Wecker Sie aus dem Schlaf reißt – was wohl meistens der Fall ist –, spielt es eine große Rolle, wie Sie den Tag auf zwei Beinen beginnen. Man kann tatsächlich »mit dem linken Bein aufstehen«, was ja soviel bedeutet wie ein Anfang ohne frische Lebendigkeit, ohne frei fließende Energie. Wer schwerfällig aus dem Bett kriecht, sich ins Badezimmer schleppt und dabei denkt, wie schön es wäre, im Bett bleiben zu können, oder welche Plage einen an diesem Tag erwartet, schafft keine geeignete Voraussetzung für einen guten Tag.
Die alten Chinesen prägten das Bild von »Himmel-Erde-Mensch« als Zusammenspiel, das ein kreatives Ganzes ergibt. Viele traditionelle chinesische Energieübungen haben das Ziel, zu dieser Ganzheit hinzuführen. So auch die folgenden zwei kleinen Übungen. Sie erscheinen äußerlich sehr einfach, doch ist ihre Wirkung um so größer, je mehr man sich mit ihrer inneren Bedeutung verbindet.

Übung
Himmel-Erde-Mensch I

Nehmen Sie morgens gleich nach dem Aufstehen, bevor Sie irgend etwas anderes tun, Beziehung zu Himmel und Erde auf.

Beziehung aufnehmen

Anfang

Stehen Sie mit lockeren Beinen, die Füße nebeneinander, und nehmen Sie Ihre Fußsohlen deutlich wahr. Stellen Sie sich vor, daß Ihre Beine tief im Boden verwurzelt sind wie ein stabiler Baum. Schließen Sie die Augen, oder schauen Sie geradeaus, ohne daß der Blick etwas festhält. Lassen Sie sich ein wenig Zeit, um das Gefühl des Verwurzeltseins zu stabilisieren.

Mitte

Heben Sie langsam die weit ausgebreiteten Arme. Stellen Sie sich dabei einen Adler vor, der seine Schwingen ausbreitet, oder ein Blume, die morgens im Tageslicht ihre Blütenblätter entfaltet.

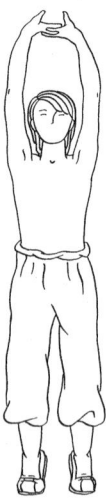

Wenn Ihre Hände sich über dem Kopf berühren, verschränken Sie die Finger miteinander.

Drehen Sie die Hände so, daß die Handflächen der verschränkten Hände nun nach oben zeigen, und drücken Sie die Arme ganz durch, bis Ihre Hände so weit wie nur möglich über Ihrem Kopf sind. Gleichzeitig erheben Sie sich auf die Zehenspitzen. Stellen Sie sich vor, daß Sie »den Himmel berühren«.

Dann lockern Sie die Arme, bis die Hände die Ausgangshaltung über dem Kopf erreicht haben, und drehen die noch immer verschränkten Hände, so daß die Handflächen wieder nach unten weisen. Zugleich lassen Sie sich zurück auf die Fußsohlen sinken.

Ende

Öffnen Sie jetzt die Hände, breiten Sie die Arme wieder aus, und führen Sie sie langsam zurück in die Ausgangsposition – locker hängend an den Körperseiten.
Wiederholen Sie diese Übung zwei weitere Male.
Sie können diese Übung auch bewußt mit dem Atem verbinden: Atmen Sie beim seitlichen Heben der Arme ein und beim Strecken aus, so daß das Ausatmen beendet ist, wenn die verschränkten Hände wieder fast den Kopf berühren. Atmen Sie wieder ein, während Sie die Arme ausbreiten und senken. Sind die Hände unten angekommen, atmen Sie aus.

Fühlen

Es ist wichtig, daß Sie aufmerksam wahrnehmen, wie die Übung auf Ihren Körper und Ihren Geist wirkt. Dieses offene Wahrnehmen ist der Schlüssel zum echten Fühlen. Es gibt recht unterschiedliche Weisen, diese kleine Übung zu erleben. Man kann sie oberflächlich »machen«: sich bewegen, wie vorgeschrieben, etwa in der Art einer Gymnastikübung, ohne dabei viel zu spüren. Man kann sich auch einiges dabei denken, etwa: Meine Beine sind im Boden verwurzelt; ich breite meine Arme aus wie ein Adler; ich berühre den Himmel usw. Doch das sind einfach nur Gedanken. Wirkliches Körpergefühl, echte sinnliche Erfahrung, ist etwas anderes. Es entsteht dadurch, daß wir die Aufmerksamkeit dem unmittelbaren

Fühlen zuwenden. Die Gedanken sind nur ein Anstoß und werden dann möglichst losgelassen. Sie werden zwar zunächst weiterhin dasein und die Erfahrung kommentieren. Doch das Fühlen wird stärker sein als das Denken und nimmt mit dem Üben zu.

Das »Verwurzeltsein« der Füße im Boden kann ein echtes Gefühl sein – das Gefühl der Festigkeit und der Unerschütterlichkeit, des Vertrauens auf die Tragfähigkeit der Erde. Dieses Vertrauen wird oft als »Erdung« bezeichnet. Das »Berühren des Himmels« hingegen kann ein Gefühl der Offenheit und Leichtigkeit des Himmelsraums sein – das Gefühl der Frische und der Zuversicht, welches der offenen, klaren Weite des Himmels entspricht. Diese Zuversicht, die nicht an eine bestimmte Erwartung gebunden ist, kann ein »himmlisches« Gefühl der Lebendigkeit und Inspiration auslösen.

Übung
Himmel-Erde-Mensch II

Wenn Sie Ihre morgendliche Toilette beendet und sich angekleidet haben, können Sie die Begrüßung der Erde und des Himmels mit einer weiteren kleinen Übung noch vertiefen. Falls Sie die Möglichkeit haben, diese Übung auf dem Balkon oder im Garten zu praktizieren, ist das natürlich besonders günstig.

Die Welt begrüßen

Anfang

Stehen Sie mit schulterbreit auseinandergestellten Füßen fest verwurzelt. Stellen Sie die Füße parallel zueinander, und drücken Sie die Knie nicht durch. Die Haltung sollte weich und flexibel sein. Ihre Arme hängen locker an den Seiten, und Sie haben das Gefühl, gerade aufgerichtet zu sein.

Mitte

Wenden Sie Ihren Blick und Ihre Aufmerksamkeit der Erde zu, mit dem Gedanken: »Ich grüße dich, Erde, die mich trägt!« Öffnen Sie dabei die Arme, die Handflächen nach unten der Erde zugewandt, und heben Sie die Arme bis zur Höhe des Bauchnabels.

Lassen Sie dann die Arme langsam wieder sinken, so als würden Sie die festigende, kräftigende Energie, welche die Erde abgibt, einsammeln. Diese Energie kann man als eine helle, strahlende, in sich bewegte Flüssigkeit imaginieren.

Stellen Sie sich vor, daß die Energie der Erde durch Ihre Fußsohlen einströmt. Im Bereich zwischen den Ballen, in der Mitte des vorderen Quergewölbes, befindet sich ein Energietor, das in der

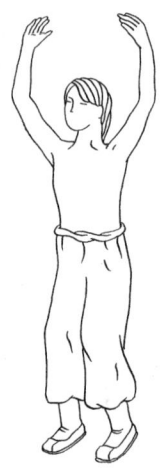 

chinesischen Energiearbeit eine sehr wichtige Rolle spielt. Es trägt den Namen »sprudelnde Quelle«, der darauf hinweist, daß die Energie der Erde bereitwillig hereinsprudelt, sobald man ihr das Tor öffnet.

In Ihrer Vorstellung fließt nun diese Energie in die Beine und aufwärts bis in den Unterbauch, wo sich der zentrale Speicher der vitalen Energie befindet. Ihre Hände verstärken diesen Vorgang, indem sie sich leicht heben und das Emporströmen begleiten, bis sie über dem Unterbauch zusammentreffen.

Lassen Sie nun die Arme wieder sinken, bevor Sie sie dann zu beiden Seiten öffnen, so weich und leicht, als blähe sich unter Ihren Achseln ein Luftkissen auf. In Nabelhöhe drehen Sie die Handflächen, so daß sie nach oben zeigen, und heben die ausgebreiteten Arme bis über den Kopf. Heben Sie auch den Blick himmelwärts. Denken Sie dabei: »Ich grüße dich, Himmel, der mich nährt!« Stellen Sie sich dabei vor, daß Sie die anregende, kreative Energie, die der Himmel abgibt, mit den Händen ein-

sammeln. Sie strömt durch den Scheitelpunkt und füllt den gesamten Körper.
In der dritten Phase dieser Übung führen Sie nun in einer gegeneinander kreisenden Bewegung die weit geöffneten Hände so weiter, daß sich die Knöchel auf Herzhöhe überkreuzen. Sie haben nun die gekreuzten Hände vor sich im Blickfeld und denken: »Mein Herz ist wach!«
Dann führen Sie die kreisende Bewegung zu Ende, bis die Hände ihre Ausgangsposition zu beiden Seiten des Körpers wieder erreicht haben.
Sie werden feststellen, daß die gesamte Übung aus einer einzigen, fließenden Bewegung besteht, die sich ganz natürlich aus dem Inhalt – Verbindung mit der Energie der Erde, der Energie des Himmels und der Energie des »Herzens« – ergibt. Mit Herz ist hier allerdings eher »Herz-Geist« gemeint. Die bei uns übliche Trennung von Herz (im Sinne von Herzenswärme) und Geist (im Sinne von Verstand) ist nicht gesund. Ein Verstand ohne Herz, der sprichwörtliche »eiskalte Intellekt«, ist genausowenig brauchbar wie ein Herz ohne Verstand – ebenfalls sprichwörtlich: »Gut gemeint und schlecht getroffen.«
Alle drei Phasen dieses Bewegungsablaufs gehen anmutig fließend ineinander über. Wiederholen Sie die Übung zwei weitere Male. Sie werden feststellen, daß diese einfache Übung Ihren Körper von innen her aufgerichtet und Ihr Gefühl für Ihre menschliche Würde angeregt hat. Sie können auch spüren, daß Ihr Rücken aufgerichtet und stark ist. Ihre Vorderseite hingegen ist offen und ungeschützt. Sie können es sich leisten, so berührbar zu sein. Sie können es sich leisten, wach und aufmerksam und mitfühlend zu sein. Die Erde trägt Sie; der Himmel gibt Raum für Ihr inneres Wachstum.
Wir erleben die Welt so, wie wir gestimmt sind. Sind wir verliebt, ist die Welt wunderbar und strahlend. Sind wir mit Unannehmlichkeiten (in des Wortes Sinn: mit dem, was wir

nicht annehmen wollen) konfrontiert, erscheint die Welt höchst trübe. Deswegen ist es so wichtig, den Tag mit der richtigen Einstimmung zu beginnen. Die beschriebenen Morgenübungen heben unsere Stimmung. Das äußere Aufgerichtetsein wirkt sich auf die innere Verfassung aus – um so mehr, je wacher unsere Wahrnehmung ist. Wer sich bewußt aufrichtet, wird mit Sicherheit nicht »niedergedrückt« sein. Das ist die einfachste, aber auch grundlegende Bedeutung der chinesischen Idee vom »Himmel-Erde-Menschen«.

Ende

Wenn Sie die Übung beendet haben, sollten Sie nicht sofort weglaufen und sich in die Aktivitäten des Tages stürzen. Legen Sie die Hände übereinander auf den Unterbauch, und verbinden Sie sich mit dem zentralen Energiespeicher, den man sich etwa vier Finger breit unterhalb des Nabels in der Bauchmitte vorstellt. Atmen Sie mindestens dreimal langsam und tief in den Bauch hinunter, so daß Sie nun der Welt aus Ihrer Mitte heraus begegnen können.

Die Haltung des Dankens

Mit zunehmender Vertrautheit mit dieser Übung wird wahrscheinlich ganz von selbst ein bestimmtes Gefühl wachsen, das man als Dankbarkeit bezeichnen könnte – Dankbarkeit in einem sehr weiten Sinn. Sie erwächst aus der Erkenntnis, daß unsere Existenz außerordentlich wertvoll ist, daß der Körper (Erde) uns die Möglichkeit der Erfahrung gibt und der Geist (Himmel) die Möglichkeit der Inspiration zur Entwicklung. Diese Dankbarkeit ist ein Ausdruck grundlegender Freude über das Leben. Und sie ist Ausdruck von Beziehung. Die Beziehung zur Erde vermittelt Kraft, einen festen Stand, auch im übertragenen Sinn. Die Beziehung zum Himmel vermittelt Offenheit. Offenheit für alles, was geschieht, Offenheit nach vorn, »zuversichtliche Ungewißheit« – das ist die wahre Freiheit.

Übung
Der Tiger wacht auf

Wie viele andere traditionelle chinesische Übungen ist auch diese aus einer natürlichen, spontanen Bewegung entstanden und dann zu einer exakten, formalen Bewegung ausgestaltet worden. Diesen Prozeß können wir nachahmen, indem wir bei dieser unmittelbaren Bewegung ansetzen.

Stehen Sie mit ein wenig auseinandergestellten Beinen, und dehnen, recken und strecken Sie sich. Sie werden bemerken, daß Sie dabei die Arme anheben und ausstrecken und den Oberkörper nach der einen und nach der anderen Seite drehen. Versuchen Sie es!

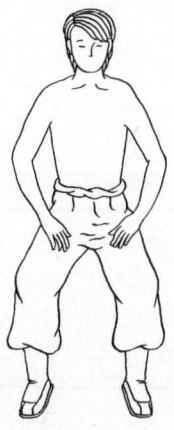

Anfang

Für die traditionelle Übung stehen Sie zunächst in der Reiterhaltung – die Füße schulterbreit auseinandergestellt und parallel zueinander, die Knie leicht gebeugt. Legen Sie die Handflächen mit den Fingerspitzen nach innen gerichtet in die Leisten. Die Wirbelsäule und der Kopf sind gut aufgerichtet, das Becken gerade, und die Ellenbogen zeigen nach außen. Verweilen Sie etwa eine Minute lang in dieser Haltung. Sie werden spüren, daß sie Ihnen ein Gefühl der Kraft vermittelt.

Mitte

Drehen Sie nun den Oberkörper nach links, und richten Sie dabei auch den linken Fuß nach links aus. Der rechte Fuß steht nun quer zu Ihrer Haltung und stützt Sie gut ab.
Den rechten Arm strecken Sie weit nach vorn und ballen die Hand dabei zu einer leichten Faust, ohne die Finger zu verkrampfen. Den linken Arm strecken Sie nach hinten, ebenfalls die Hand zur leichten Faust gerundet. Und nun gehen Sie so weit in die Knie wie möglich und strecken sich nach Kräften. Doch achten Sie unbedingt darauf, daß Sie sich nicht verkrampfen.
Drehen Sie dann den Oberkörper wieder zur Mitte, und nehmen Sie die Ausgangshaltung ein: die Reiterhaltung, die Handflächen nach unten in die Leisten gelegt, die Ellenbogen nach außen zeigend. Atmen Sie ruhig drei Atemzüge lang in den Rücken und in den Bauch.
Nun drehen Sie den Oberkörper nach rechts, richten den rechten Fuß nach rechts aus, strecken den linken Arm nach vorn und den rechten nach hinten, die Hände zur leichten Faust gerundet. Gehen Sie wieder so weit wie möglich in die Knie, und strecken Sie sich kräftig.

Körper und Geist verbinden

Versuchen Sie, Ihren Körper wirklich zu spüren. Man kann solche Übungen machen und dabei geistig ganz woanders sein, doch das ist natürlich nicht wünschenswert. Es ist nicht wie beim Muskeltrainer, wo man automatisch die Muskeln spannt und lockert, ungeachtet, wo sich der Geist herumtreibt. Bei der Energiearbeit geht es vor allem darum, Körper und Geist in Verbindung miteinander zu bringen, und das beginnt beim Spüren, beim Körpergefühl. Spüren Sie hinein in die flexible Kraft Ihrer Beine und Füße, in die weite Dehnung der Seiten und des Rückens. Nehmen Sie wahr, wie Ihr Atem auf die Bewegung reagiert. Und fühlen Sie sich hinein in das innere Bild des geschmeidigen, kraftvollen Tigers, in die Qualität seiner natürlichen Anmut und Stärke.
Wiederholen Sie die Übung nach beiden Seiten zwei weitere Male oder auch öfter, wenn es Ihnen guttut. Haben Sie genug, so nehmen Sie wieder die Ausgangshaltung ein.

Ende

Um die Übung abzuschließen, stehen Sie locker, legen die Hände übereinander auf den Unterbauch und verbinden sich mit dem Energiezentrum unterhalb des Nabels. Spüren Sie der Bewegung in Ihrem Körper nach, die durch die Übung ausgelöst wurde. Atmen Sie dreimal langsam und tief in den Bauch.
Dieses Abschließen wirkt sich auf das Ergebnis der Übung aus. Schneiden Sie nicht ungeduldig das Ende ab – wie das Kind, das seine Hausaufgaben gemacht hat, Heft oder Buch zuschlägt und es gar nicht erwarten kann, endlich spielen zu gehen. Lassen Sie sich ein paar Minuten Zeit, damit die Übung

nachwirken kann. Diese Nachwirkung ist angenehm; ohne das Nachspüren würden Sie sich einer kostbaren Annehmlichkeit berauben und das, was die Übung aufgebaut hat, zum Teil wieder verlieren.

Übungen für freie Tage

Zeit, Ruhe und Bereitschaft

Für Ihre ersten ernsthaften Gehversuche im Bereich der Energiearbeit sollten Sie sich ein ruhiges Wochenende reservieren. Obwohl man den Alltag mit kleinen Übungen abstützen kann, für die man nicht viel Zeit benötigt, sind diese um so wirksamer, je gründlicher wir mit Hilfe formaler Übungen eine echte Beziehung zu unseren subtilen Energien aufgebaut haben. Mit den ausführlicheren Übungen wächst die Fähigkeit zur Entspannung und zur inneren Sammlung, und auf dieser Grundlage haben die kurzen Alltagsübungen natürlich viel mehr Wirkung.
Nehmen Sie sich einen bestimmten Zeitraum vor, den Sie Ihren ersten Gehversuchen im Reich der Energiearbeit widmen wollen. Gehen Sie so vor, wie in diesem Kapitel beschrieben, und nehmen Sie zuerst einmal Verbindung mit Ihrem Atem auf. Lernen Sie ihn durch Beobachtung und durch die Atemübungen kennen. Lernen Sie auf praktischem Weg die Prinzipien der Verbindung von Atem und Gemütsverfassung kennen.

Richtig atmen

In den verschiedenen Formen der Energiearbeit, die in alten Kulturen entwickelt wurden, spielt die Art des Atmens stets eine große Rolle. In vielen Fällen wird der Atem als Vehikel für die Energie eingesetzt, wie etwa im chinesischen *Tao-Yoga,* im indischen *Pranayama* oder im tibetischen *Tsa Lung.*
Atem und subtile Energie sind eng miteinander verbunden, so eng, daß die Bezeichnungen für subtile Energie auch den Atem mit einbeziehen. Das chinesische *Qi* beinhaltet unter anderem auch die Bedeutungen Atem, Nebel und Wolken, und das tibetische Wort für subtile Energie *Lung* wird häufig mit Wind oder auch Atem-Wind übersetzt.
Es ist wichtig, daß wir unseren eigenen Atem kennenlernen. Obwohl wir ständig atmen, wissen wir im allgemeinen wenig von den psychosomatischen Prinzipien des Atems, und unsere individuellen Atemmuster sind uns unbekannt. Doch wenn wir uns selbst ein wenig genauer beobachten, können wir zumindest feststellen, daß ein enger Zusammenhang zwischen unserer psychischen Befindlichkeit und dem Atem besteht. Sicher haben Sie schon bemerkt, daß Sie schneller atmen, wenn Sie sich aufregen. Wenn wir ruhig sind, atmen wir im allgemeinen ziemlich langsam. Werden wir erschreckt, »bleibt uns die Luft weg«. Beim herumschweifenden, ungerichteten Denken atmen wir besonders flach. Wenn wir weinen, atmen wir ruckartig ein. Wenn wir lachen, atmen wir ruckartig aus. Frustration läßt den Atem kürzer werden. Sind wir gerührt, atmen wir unwillkürlich tief. Säuglinge atmen mit dem Bauch. Die meisten Erwachsenen unserer Kultur atmen nur mit der Brust. Darüber hinaus atmet jeder Mensch auf seine ganz persönliche Weise – die häufig nicht unbedingt förderlich für die

Gesundheit ist. Ebenso wie es Fehlhaltungen des Körpers gibt, gibt es auch falsche Atemmuster. Diese wollen wir wahrnehmen lernen.

Wie atme ich?

Setzen Sie sich auf einen Stuhl, ohne sich anzulehnen. Beobachten Sie Ihren Atem, und stellen Sie fest, welche Bereiche Ihres Körpers sich beim Einatmen ausdehnen und beim Ausatmen wieder zusammenziehen. Legen Sie die Hände auf die Stelle der stärksten Dehnung.
Wahrscheinlich haben Sie Ihre Hände auf die Brust gelegt, denn eine einseitige Brustatmung ist unsere übliche Atmungsweise. Legen Sie jetzt Ihre Hände auf den Bauch, und atmen Sie so, daß der Einatem vor allem den Bauch dehnt.
Dann legen Sie Ihre Hände leicht an die Seiten des Brustkorbs und atmen so, daß Sie die Dehnung unter Ihren Händen spüren. Und schließlich versuchen Sie, den Atem auch im Rücken und im hinteren Beckenbereich wahrzunehmen.
Wenn die jeweilige Atemmuskulatur durch mangelnden Gebrauch unflexibel geworden ist, findet nicht viel Dehnung statt. Natürlich ist es nicht möglich, ein falsches Atemmuster von heute auf morgen zu ändern, doch durch tägliche kleine Übungen kann Ihr Körper wieder richtig atmen lernen. Das sollte Hand in Hand mit der Übung des Entspannens gehen. Beides – richtig atmen und entspannen – sind unumgängliche Voraussetzungen für eine gute Energiearbeit; genaugenommen sind sie auch die unumgängliche Voraussetzung, sich einigermaßen wohl in seiner Haut zu fühlen.

Den Atem korrigieren

Setzen Sie sich auf einen Stuhl mit gerader Lehne, und sitzen Sie frei aufgerichtet, oder – wenn Sie sich dabei verspannen – lehnen Sie sich mit gut aufgerichtetem Rücken an. Vielleicht brauchen Sie ein kleines Kissen im Kreuz, um wirklich gerade zu sitzen. Ihre Kleidung sollte locker sein; vor allem der Bauch muß genügend Platz zum Ausdehnen haben.
Legen Sie die Hände auf den Bauch, und atmen Sie durch die Nase ein paar Minuten lang so, daß Sie eine starke Bewegung der Bauchdecke spüren. Beim Einatmen wölbt sie sich nach außen, beim Ausatmen zieht sie sich zurück. Die Brust sollte sich dabei kaum bewegen. Schon nach relativ kurzer Zeit können Sie eine Veränderung Ihrer Stimmung bemerken. Sie werden ruhiger.
Stellen Sie sich nun vor, daß der Atem Sie beim Einatmen – mit geschlossenem Mund durch die Nase – langsam anfüllt, zuerst das Becken und den Bauch, dann den Bereich von Magen und Nieren, dann den Rücken bis hinauf zum Schultergürtel, und erst zuallerletzt füllt sich der vordere Bereich der Brust. Während des Ausatmens – durch den leicht geöffneten Mund – zieht sich alles wieder zusammen.
Vielleicht fällt es Ihnen schwer, mit dem Rücken zu atmen. Sie können sich mit dem Vorstellungsbild helfen, daß sich die Schulterblätter beim Einatmen öffnen wie Flügel. Stemmen Sie die Hände mit den Fingern nach innen in die Leisten, und bewegen Sie beim Einatmen die Ellenbogen langsam nach außen. Runden Sie dabei den Rücken ein wenig. Richten Sie ihn beim Ausatmen wieder auf, und nehmen Sie die Ellenbogen zurück an die Seiten.
Eine weitere Hilfe ist ein leichtes Kippen des Beckens nach hinten. Legen Sie die Handflächen hinten auf das Becken, und

lassen Sie beim Einatmen das Becken ganz leicht in Ihre Hände sinken. Beim Ausatmen drücken Sie es in die aufrechte Stellung zurück.
Diese Übung verlangt einiges Feingefühl. Achten Sie darauf, daß Sie nicht »Atem holen«, obwohl unser Sprachgebrauch das so ausdrückt. Man muß ihn nicht holen – er kommt von selbst.
Versuchen Sie es: Atmen Sie ruhig und lange aus, und atmen Sie nicht einfach automatisch wieder ein, sondern warten Sie auf den Einatemimpuls. Er kommt mit Sicherheit. Sie können ihn zwar eine Weile unterdrücken, aber verhindern kann ihn niemand. Sie werden feststellen: Je gründlicher Sie ausatmen, desto stärker ist der folgende Einatemimpuls.
Fragen Sie sich, wie Sie die Akzente »aktiv« und »ruhend« verteilen: Ist der Einatem aktiv und der Ausatem ruhend? Oder umgekehrt? Beobachten Sie, wie Sie atmen, wenn Sie einen Stein werfen wollen. Werfen Sie beim Ein- oder beim Ausatmen?
Aktiv sind wir beim Ausatem. Der Einatem bereitet die Aktion vor. Das Einatmen ist also die empfangende Phase. Der Körper dehnt sich, ist offen und nachgiebig, während der Atem sich ansammelt. Der Ausatem ist die aktive, nach außen gehende Phase. Alles, was angesammelt wurde, kann jetzt nach außen entlassen werden.
Machen Sie einen Versuch: Empfangen Sie ruhig und gelassen den Einatem, so daß er sich von unten nach oben ansammeln kann. Lassen Sie sich nach allen Seiten dehnen. Runden Sie leicht den Rücken – das wird Sie nicht am Atmen mit der Brust hindern, sondern vielmehr dafür sorgen, daß sich die Brustatmung nicht in den Vordergrund drängt. Und ganz besonders wichtig ist, daß Sie sich Zeit lassen.
Sie werden spüren, daß der ausströmende Atem den Körper ganz von selbst aufrichtet. Dann hat der Atem seine natürliche Form gefunden. Die künstliche Form – Atem »holen« und

die Brust füllen, dann den Atem entlassen und zusammenfallen – hat sich umgekehrt.

Sich mit dem Atem verbünden

Das Prinzip, daß wir langsam atmen, wenn wir innerlich ruhig sind, gilt auch im umgekehrten Fall: Wenn wir absichtlich langsamer atmen, führt das zu mehr ausgeglichener Ruhe. Ein langsamer, bewußter, weitschwingender Atem fördert – wie Forschungen gezeigt haben – die Produktion des natürlichen »Glückshormons« Endorphin im Körper.

Der Atem ist ein guter Verbündeter. Er kann uns helfen, sowohl ruhiger und gelassener als auch munterer oder aufmerksamer zu werden. Als Brücke zwischen Körper und Geist wirkt er auf beide gleichermaßen ein. Und er steht in unmittelbarer Verbindung mit der subtilen Energie, die Körper und Geist durchdringt. Üblicherweise sind uns die Muster unseres Atmens nicht bewußt. Wir atmen einfach, und damit basta. Doch man könnte sagen: Wie ich atme, so bin ich. Und: Wenn ich anders atme, bin ich anders.

Die Dimension dieser Veränderung durch die Beeinflussung des Atmens reicht also von einfacher Beruhigung bis zur Transformation des Selbst. Doch wir fangen zunächst ganz am Anfang an, bei der Beruhigung von Körper und Geist, die wir auch Tiefenentspannung nennen können.

Übung
Windstille

Im Hinblick auf das Wetter sagt man, wenn es windstill geworden ist: Der Wind hat sich gelegt. Das Bild der Windstille wird im Buddhismus auch für den ruhigen Geist verwendet. Der völlig ruhige, entspannte, vom Wind der Emotionen nicht aufgerührte Geist ist wie ein stiller See, der in äußerster Genauigkeit die Landschaft spiegelt. Der stille Geist spiegelt alles, was ist, klar unterscheidend, ohne irgend etwas zu verzerren, ohne jede Unklarheit oder Verwirrung und ohne jedes Urteil.

Emotionen und körperliche Verfassung sind miteinander verbunden. Deshalb sagt man zum Beispiel: Ich habe eine Wut im Bauch, oder: Da läuft einem doch die Galle über. Der ruhige Geist schont also auch den Körper, gibt den Organen Frieden und verhilft ihnen zur Heilung.

Nehmen Sie eine aufrechte Sitzhaltung ein, wie zuvor beschrieben. Atmen Sie durch die Nase tief ein, so daß sich der Atem vom Becken aufwärts sammeln kann. Atmen Sie dann – ebenfalls durch die Nase – ruhig aus, bis es nichts mehr auszuatmen gibt, und lassen Sie die natürliche kleine Pause zu, die sich daran anschließt, bevor sich der nächste Einatemimpuls einstellt. Versuchen Sie nicht, diese Pause zu erzwingen. Am Anfang mag sie sehr kurz sein, doch nach und nach verlängert sie sich von selbst.

In dieser kleinen Pause herrscht große Ruhe. Nichts geschieht und nichts muß geschehen.

Nach und nach wird der Atem durch diese Übung immer sanfter und subtiler. Es ist ein dreifacher Stufenweg der Entwicklung: Am Anfang ist der Atem flach, dann vertieft er sich, dann wird er sanft. Ist die Meisterschaft in der Energiearbeit erreicht, hört er auf. In einem klassischen chinesischen Text *(Das Geheimnis der Goldenen Blüte)* heißt es: »Solange der Atem hörbar ist, ist er grob und oberflächlich und vermag nicht ins Geheimnis einzudringen. Das heißt, der Geist muß ganz leicht und leise werden ... Übt man dies lange genug, so kommt, was leise und leicht ist, plötzlich zum Stillstand. Dies ist die Offenbarung des Wahren Atems, und man erkennt das Wesen des Geistes.«

Wenn Sie beim bewußten Atmen im Sitzen Herzklopfen oder andere unangenehme Symptome bekommen, legen Sie sich auf eine nicht zu harte Unterlage, unter dem Kopf ein kleines Kissen. Gehen Sie dann genauso vor, wie für die Übung im Sitzen beschrieben. Im Liegen wird Ihnen die Übung leichterfallen.

Übung
Froschatmung

Aufmunternd wirkt diese klassische Übung aus der chinesischen Tradition. Ihr Name rührt daher, daß sie die Bauchatmung anregt und eine starke Dehnung im gesamten Körper erzeugt.

Nehmen Sie eine aufgerichtete Sitzhaltung ein. Atmen Sie durch die Nase so lange tief ein, bis Sie etwa zwei Drittel des gesamten Atemvolumens eingeatmet haben. Halten Sie den Atem drei Sekunden lang an, und atmen Sie dann weiter ein. Sie werden feststellen, daß Sie jetzt noch einmal tief einatmen können. Danach atmen Sie durch die Nase wieder aus.

Atmen Sie in dieser Weise drei oder mehr Atemrhythmen lang, bis Sie genug haben. Mit dieser kleinen Übung können Sie im Alltag Phasen der Abspannung leicht überwinden. Sie können das Froschatmen auch der jeweiligen Übung voranstellen, falls Sie bei Entspannungs- oder Energieübungen zum Eindösen neigen.

Viele Energieübungen sind mit dem Atemrhythmus verbunden. Die beiden größten Hindernisse bei der Energiearbeit sind

Dumpfheit (schläfrige Benommenheit) und Zerstreutheit. Im vorgenannten chinesischen Text heißt es: »Zerstreutheit ist leichter zu heilen als Dumpfheit. Es ist wie bei einer Krankheit: Schmerzen und Reizungen kann man mit Medikamenten beikommen. Aber Dumpfheit und Trägheit sind wie eine Lähmung. Zerstreuung kann man unter Kontrolle und Verwirrung in Ordnung bringen. Aber ein dumpfer Mensch windet sich wie ein Wurm im Dunkeln ... Das einzige Heilmittel dagegen ist die Rhythmisierung des Atems.«

Übungen zur Entspannung

Der Begriff »Entspannung« ist ein Negativbegriff, denn die Vorsilbe »ent«, aus dem germanischen »and« entstanden, bezeichnet etwas Entgegengesetztes. Entspannung ist also der Spannung entgegengesetzt: Spannung steht an erster Stelle, und Entspannung hat den zweiten Platz. Das entspricht der Situation in unserer Kultur.

Entspannung ist zu einem vielfach besetzten und verwirrenden Begriff geworden, teils moralisch abgewertet und in die Nähe der Faulheit gerückt, teils medizinisch und psychotherapeutisch aufgewertet, zum Erfolgskonzept aufgebläht und mit »Entspannungstechniken« aufgerüstet – so daß niemand mehr eine sinnvolle Vorstellung davon hat, was Entspannung denn nun eigentlich ist.

Wir müssen das Wort für unsere Zwecke neu definieren. Was wir hier als Entspannung bezeichnen, ist nicht einfach das Gegenteil von Spannung. Es ist ein balancierter Zustand, der grundlegend entspannt ist, jedoch auch eine gewisse Spannung enthält – Gelöstheit und achtsame Wahrnehmung, Ruhe und Wachheit. Er ist mit Aufmerksamkeit verbunden, doch ohne verbissene Konzentration. Es ist ein Zustand, in dem Sie alles genau wahrnehmen, ohne sich jedoch in Urteile zu verstricken. Wann immer in der Folge von Entspannung die Rede ist, sollten Sie sich an diese Definition erinnern.

Übung
Der Tiger ruht

Der richtige Platz

Für eine ausführliche Entspannungsübung sollten Sie genügend Zeit zur Verfügung haben – vor allem innere Zeit. Suchen Sie ein ruhiges Plätzchen, drinnen oder draußen, wo Sie ganz ungestört sind und sich wohl fühlen. Vergewissern Sie sich, daß nichts Sie beeinträchtigt.
Wenn Sie in der Natur sind, könnte ein schattiges Plätzchen mit vorrückender Sonne bald nicht mehr so schattig sein, oder es wird gegen Mittag zu warm oder gegen Abend zu kühl. Denken Sie an jene, die möglicherweise mit Ihnen den hübschen Platz teilen: Mücken, Ameisen und anderes Getier.
Innerhalb Ihrer vier Wände sollte es ein Platz sein, der Ihnen angenehm ist. Der Fernsehsessel mit Blick auf den Bildschirm ist nicht geeignet, Sie auf eine aufmerksame Kommunikation mit sich selbst einzustimmen. Lassen Sie sich also schon im Vorfeld Zeit, Ihren richtigen Platz zu finden. Haben Sie jemals eine Katze auf der Suche nach dem richtigen, dem allerbesten Platz beobachtet? Sie versucht es vielleicht erst einmal auf der Couch, wechselt dann zu einem Sessel, den sie in letzter Zeit bevorzugt hat, setzt sich unschlüssig, putzt sich ein wenig und steuert schließlich einen Stuhl an, auf dem jemand die Fernsehdecke abgelegt hat. Dann dreht sie sich noch ein-, zweimal um sich selbst, um sich schließlich genußvoll schnurrend niederzulassen.
Wollen Sie eine Kontinuität in Ihre Energiearbeit bringen, ist es sinnvoll, einen Platz auf Dauer dafür einzurichten. Er sollte geschützt sein, und Sie können ihn einladend und ästhetisch

gestalten, etwa mit einem Teppich, einem kleinen Tisch und frischen Blumen darauf, einem Bild an der Wand, das für Sie eine höhere geistige Ebene repräsentiert, usw.

Die Sitzhaltung

Ihre Sitzgelegenheit sollte bequem sein, jedoch eine gerade Lehne haben, so daß Sie in der Brust nicht einknicken und Ihre Schultern nicht nach vorn sinken. Richten Sie sich, wenn es nötig ist, mit einem Kissen im Rücken ein. Die Sitzhöhe sollte erlauben, daß Ihre Füße guten Kontakt mit dem Boden haben. Stellen Sie die Beine locker auseinander; Knie an Knie ist keine geeignete Haltung zur Entspannung. Die Hände liegen mit nach oben gerichteten Handflächen locker auf den Oberschenkeln. Die Augen sind sanft geschlossen, so daß Sie mit dem »inneren Auge« sehen können.
Wenn Sie sich sehr schwach fühlen, aufgeregt sind oder große Mühe haben, sich im Sitzen zu konzentrieren, können Sie auch versuchen, im Liegen zu üben. In diesem Fall legen Sie die Hände entspannt neben den Körper.

Bewußt atmen

Zur Einstimmung in eine Übung richten Sie die Aufmerksamkeit auf den Raum im Unterbauch und nehmen Sie ein paar Minuten lang mit dem Atem Verbindung auf. Das ist sehr einfach und wirkt sofort. Atmen Sie ein paar Atemrhythmen lang tief ein und aus und danach normal weiter. Spüren Sie der Atembewegung auch im Rücken und in den Seiten nach.
Am Anfang wie auch am Ende jeder Übung – auch ganz kurzer Übungen im Alltag – ist es grundsätzlich gut, die Hände

auf den Bauch zu legen und in den Unterbauch »hineinzuatmen«. Das ist eine einfache und sichere Methode, die Verbindung zum Körper zu stabilisieren, so daß Sie nicht Gefahr laufen, den Kontakt zur Erde zu verlieren und »abzuheben«.

Entspannung durch Spüren

Das Prinzip echter Entspannung unserer Körper-Geist-Einheit läßt sich auf einen einfachen Nenner bringen: Ohne Spüren keine Entspannung. Entspannung läßt sich nicht durch Denken erreichen. Das ist leicht nachzuprüfen: Wenn Sie die folgende Übung lesen, denken Sie natürlich mit, was aber keineswegs bedeutet, daß Sie am Ende entspannt sind.
Die folgende Übung führt Sie durch Ihren gesamten Körper hindurch, von oben nach unten, von außen nach innen. Ihr Spüren tastet sich durch den Körper, und es entstehen Bilder dessen, was Sie spüren. Die Bilder verbinden sich mit der Gefühlsebene. Während Sie sich mehr und mehr entspannen, verändert sich das Gefühl. Es wird sanft und freundlich und angenehm.

Eine Expedition in die Landschaft des Gesichts

Beginnen Sie damit, daß Sie die Augen schließen und Ihr Gesicht spüren. Unsere unverwechselbaren Gesichtszüge sind das Produkt von bestimmten Mustern. Da gibt es Grundmuster, die sich wenig verändern, und neue Muster werden auf- und manchmal auch abgebaut. Diese Muster haben mit bestimmten Qualitäten von Spannung und Verkrampfung zu tun. Verspannung und Abspannung hinterlassen deutliche Spuren, die wir nicht allzusehr schätzen. Je ausgeglichener die Gemütslage im allgemeinen ist, desto frischer wirken die

Züge. Lebendige Spannung und entspannte Lockerheit halten sich die Balance.

Spüren Sie in diese Muster hinein. Im Bereich des Mundes sind sie besonders leicht zu entdecken. Sind Ihre Lippen weich und locker oder zusammengepreßt? Ist Ihr Kiefer angespannt – beißen die Zähne aufeinander? Man spricht von einem »verbissenen Ausdruck« in einem Gesicht, wenn die Zähne gewohnheitsmäßig aufeinandergepreßt sind. Man kann es von außen sehen und von innen spüren. Sollten Sie sich dabei ertappen, entspannen Sie die Kiefermuskeln durch ein paar kreisende, massierende Bewegungen mit den Fingerspitzen.

Auch die Mundwinkel geben interessante Auskünfte. Sind sie eher nach unten oder eher nach oben gerichtet? Falls sie nach unten hängen, sollten Sie sie ein wenig anheben. Das Gefühl, das sich mit dieser Veränderung verbindet, ist sehr wohltuend. Verpassen Sie es nicht!

Oder vielleicht finden Sie eine gewisse Anspannung, die einem Ausdruck zugrunde liegt, den man als »geschürzte Lippen« bezeichnet. Ist diese Anspannung stärker, sind es gar »gekräuselte Lippen«. In diesem Fall öffnen Sie am besten die Lippen ein wenig und stülpen sie ein paarmal nach außen, so daß sie weich und locker werden.

Alle diese kleinen Details sind mit bestimmten gefühlsmäßigen Färbungen verbunden. Lassen Sie diese Botschaften in Ihr Bewußtsein dringen. Doch hüten Sie sich davor, sich selbst mit negativen Beurteilungen zu plagen. Das lenkt vom Spüren und Fühlen ab, führt zu Verspannung und damit zu schneller Ermüdung. Gehen Sie statt dessen mit der Einstellung vor, daß Sie einfach eine Ausgangssituation haben, diese Situation nun positiv beeinflussen und so zu einer neuen, angenehmeren Situation gelangen.

Ein weiteres interessantes Gebiet in Ihrer Gesichtslandschaft ist der Bereich zwischen den Augen und die Stirn. Möglicherweise haben sich dort Furchen eingegraben, die Ihnen einen Gesichtsausdruck verleihen, als seien Sie dauernd zornig, mißtrauisch oder schlechter Laune. Stellen Sie sich nun vor, daß die Haut locker und elastisch wird und die Furchen sich glätten.

Auch um die Augen und die Nase herum pflegen sich Verspannungen einzunisten. Sie sind leicht aufzuspüren und zu lösen. Schließlich ist Ihr Gesicht ganz entspannt, so daß Sie das Gefühl haben, keinen Ihrer Züge mehr festzuhalten. Beobachten Sie nun, wie sich Ihr Gefühl verändert hat. Die Gefühle prägen das Gesicht. Doch die gelockerten Züge wirken ihrerseits auch auf die Gefühlslage ein.

Der Kopf sitzt auf Hals und Schultern – die Frage ist nur, wie. Spüren Sie Ihre Kopfhaltung, und versuchen Sie, Kopf und Schultern in eine natürlich aufgerichtete Haltung zu bringen. Strecken Sie den Nacken, und ziehen Sie das Kinn ein wenig an. Möglicherweise ist das Resultat nicht Wohlgefühl, sondern Schmerz oder zumindest Irritation. Das kommt daher, daß die balancierte Haltung auf ein falsches Haltungsmuster trifft, an das Sie sich gewöhnt haben. Vielleicht sitzen Sie zumeist mit nach hinten geknicktem Hals, so daß sich die rückwärtigen Muskeln entlang der Halswirbelsäule zusammengezogen haben und die Wirbelsäule nach vorn drücken. Dann ist es natürlich zunächst angenehmer, dem falschen Haltungsmuster nachzugeben, als die gesunde, aufgerichtete Haltung einzunehmen. Oder vielleicht tendieren Sie dazu, den Kopf hängen zu lassen; dann hängt wahrscheinlich auch der Rücken durch. Richten Sie sich vorsichtig auf, ohne jedoch eine rigide aufgerichtete Haltung einzunehmen. Härte hilft nicht. Jedoch regelmäßige Atem-, Entspannungs- und Energiepraxis kann die meisten Haltungsschäden mit der Zeit korrigieren.

Nun haben Sie mit Gesicht, Kopf, Hals und Schultern eine lebendige Verbindung aufgenommen und können sich jetzt einem weiteren Detail Ihres Körpers zuwenden.

Hände und Füße

Richten Sie die Aufmerksamkeit auf die Hände, die nach oben geöffnet auf Ihren Oberschenkeln liegen. Spüren Sie die einzelnen Finger? Vielleicht stellen Sie fest, daß das gar nicht so einfach ist. Sie können dem Spüren nachhelfen, indem Sie jedem Finger das Signal zu einer winzig kleinen Bewegung schicken.

Dann geht Ihre Aufmerksamkeit in die zarte Innenfläche der Hand, in den Handrücken, in das Handgelenk. Sie können beobachten, wie Ihre Hände warm werden und sich entspannen.

Genauso gehen Sie bei den Füßen vor. Spüren Sie die Zehen, erst des einen Fußes, anschließend des anderen; dann die Zehenballen, die Ferse, die weiche, empfindsame Mitte der Fußsohlen. Spüren Sie den Innenrand der Füße, dann den Außenrand, die Oberseite, die Knöchel, die schmale Stelle der Achillessehne. Je mehr die Füße sich entspannen, desto wärmer werden sie.

Arme und Beine

Richten Sie Ihre Aufmerksamkeit nun auf die Arme. Spüren Sie zuerst einen Arm, dann den anderen: Unterarm, Oberarm; die robustere Außenseite, die zartere Innenseite; den Ellenbogen mit seinem empfindlichen »Musikantenknochen« und seiner weichen Beuge. Entspannen Sie die Muskeln der Ober- und Unterarme.

Dasselbe Vorgehen gilt für die Beine: Spüren Sie aufmerksam hinein in Wade und Schienbein, in die zarten Kniekehlen, in die Knie. Die Oberschenkel halten oft Spannung fest; verfolgen Sie die Lockerung, die das Spüren mit sich bringt.

Brust und Bauch

Der nächste Entspannungsschritt führt Sie in den Brustbereich. Sie spüren den schützenden Brustkorb, die Brustwirbelsäule, das Schlüsselbein. Sie nehmen Ihren Herzschlag und die Bewegung des Atems wahr. Atmen Sie ruhig und gleichmäßig, und entspannen Sie die Brust durch sanfte Aufmerksamkeit.
Sollte sich ein Gefühl von Druck oder Enge in der Brust einstellen, können Sie sich schnell Erleichterung verschaffen, indem Sie die Arme weit öffnen, als wollten Sie jemanden umarmen. Auch die Übung »Himmel-Erde-Mensch II« ist eine gute Hilfe, falls Sie zu einem beengten Gefühl in der Brust neigen.
Die letzte Station ist der Bauch. Nun sind Sie in Ihrer Mitte angekommen. Lassen Sie sich darin nieder, so, wie wenn Sie von einem Arbeitstag nach Hause kommen, sich in einem Sessel niederlassen und erleichtert seufzend ausatmen. Spüren Sie die Atembewegung im Bauch. Genießen Sie das Gefühl der Geborgenheit, das durch das Zentrieren im Bauch entsteht.
Es kann aber auch geschehen, daß statt der Geborgenheit ein Gefühl der Bodenlosigkeit, des Fallens in eine dunkle Tiefe aufkommt. Dann hilft es, wenn Sie sich das Energiezentrum im Unterbauch – es liegt etwa vier Finger breit unterhalb des Nabels in der Mitte des Beckens – als eine kugelförmige Sphäre aus goldenem Licht vorstellen.
Abschließend legen Sie die Hände auf den Bauch und spüren Ihren Körper von der Mitte aus, ohne irgendein Detail besonders ins Auge zu fassen. Genießen Sie es, einfach eine Weile so dazusitzen und mit sich selbst verbunden zu sein.

Sollte Ihnen das Entspannen sehr schwerfallen, können Sie die Übung durch eine ruhige Musik, die Sie besonders gern mögen, unterstützen. Stellen Sie die Musik leise; bei solchen Übungen gilt der Grundsatz: Weniger ist mehr. Dasselbe bezieht sich auch auf das Maß der Konzentration. Ohne eine gewisse Konzentration geht es natürlich nicht, doch zuviel davon würde die Übung erschlagen, d. h., es würde Anspannung aufgebaut anstatt abgebaut. Nehmen Sie als Richtwert ein Drittel Konzentration; der Rest ist einfach bewußtes Anwesendsein.

Falls Sie während der Entspannungsübung sehr müde werden oder gar einnicken, sollten Sie zwischendurch die Augen öffnen und sich kräftig dehnen und strecken, gähnen und tief durchatmen. Sie können auch das auf Seite 54 beschriebene »Froschatmen« hinzunehmen. Auf diese Weise wird der Kreislauf angeregt, das Gehirn reichlicher mit Sauerstoff versorgt, und es fällt leichter, wach und aufmerksam zu bleiben.

Übung
Die drei Vorbereitungen

Nun sollten Sie sich mit den drei vorbereitenden Übungen vertraut machen, mit denen traditionelle chinesische Übungen des Stillen Qi Gong eingeleitet werden. Diese drei Vorbereitungen sind als Auftakt zu jeder wie auch immer gearteten Übung geeignet, sei es eine Energieübung mit Bewegung, eine innere Übung mit der vitalen Energie oder eine meditative Übung mit Energielicht.

Nehmen Sie sich diese Übungen erst einmal als eigenständige Übungen vor, und lassen Sie sich reichlich Zeit. Denken Sie immer wieder daran: Die Art, wie Sie anfangen, bestimmt den weiteren Verlauf. Ein halbherziger, oberflächlicher Anfang

führt im allgemeinen nicht zu einer guten, wirkungsvollen Praxis.
Während der folgenden drei Übungen halten Sie die Augen geschlossen.

Den Raum zwischen den Augenbrauen öffnen

Richten Sie Ihre Aufmerksamkeit auf den Bereich zwischen den Augenbrauen. Sie werden feststellen, daß die Stirn sich ganz unwillkürlich entspannt. Das geschieht sonst äußerst selten. Unsere Züge haben ihre Gewohnheitsmuster, und Gewohnheiten nimmt man nun einmal sehr selten bewußt wahr.
Mit der Entspannung verändert sich unser Gefühl. Wir spüren und sehen mit dem inneren Auge Raum und Helligkeit. Es ist, als öffne sich die Stirn, so daß sich der kleine innere Raum mit dem größeren äußeren Raum verbinden kann und beide eins werden.
Wenn Sie ein wenig bei dieser Übung verweilen, bleibt diese Erfahrung nicht mehr an den körperlichen Ausgangspunkt, den Bereich zwischen den Augenbrauen, gebunden. Er öffnet sich immer weiter, bis das Stirnzentrum den Mittelpunkt eines großen, lichten Raums bildet. Das ist sehr angenehm.
Sollte sich hingegen Druck hinter der Stirn oder ein Schwindelgefühl einstellen, hat es zu diesem Zeitpunkt keinen Sinn weiterzumachen. Denn in diesem Fall strengen Sie sich zu sehr an, und mit Anstrengung ist hier nichts auszurichten. Wenn Sie versuchen, eine sensationelle Erfahrung zu erzwingen, wird Energie blockiert, und unangenehme Symptome sind die Folge. Die Erfahrungen, die man mit den Entspannungs- und Energieübungen macht, sind sanft und unaufdringlich. Sobald Sie nach ihnen greifen oder sie erzwingen wollen, entgleiten sie.

Das ist so ähnlich, als wollten wir ein scheues Tier anlocken. In diesem Fall verhalten wir uns ruhig und abwartend, bewegen uns, wenn überhaupt, ganz vorsichtig und vermeiden jeden Anschein, hinter ihm her zu sein. Dann faßt es langsam Vertrauen und nähert sich.

Mit genau dieser Einstellung sollten Sie den Raum und die Helligkeit zwischen den Augenbrauen entstehen lassen. Verlangen Sie bei solchen Erfahrungen aber nicht, daß dieser Zustand, wenn er sich einstellt, auch stabil bleibt. Er wird immer wieder durch innere Kommentare oder Abschweifen der Gedanken unterbrochen; das ist natürlich, vor allem am Anfang. Kein Grund zur Sorge!

Auch das Eichhörnchen, das Sie im Park angelockt haben, hüpft immer wieder weg, springt auf den Baum, äugt herunter, kommt zurück, läuft wieder weg. Doch nach vielen Parkbesuchen, in denen Sie es beharrlich anlockten und die Geduld nicht verloren haben, ist eine kleine Beziehung zwischen Ihnen und dem scheuen Wesen gewachsen.

Das »Futter«, mit dem wir unsere inneren Erfahrungen anlocken, ist eine grundlegend freundliche Haltung. Diese Haltung sagt nicht: Ich muß das schaffen! Sie sagt: Früher oder später geschieht es von selbst, wenn ich nur wach und geduldig bin! Entspannung ist mein natürlicher, primärer Zustand. Die Unruhe, das Abgelenktsein sind sekundär.

Hinaus ins Universum lauschen

Nun lassen Sie Ihre Aufmerksamkeit von der Stirn in die Ohren wandern. Plötzlich hören Sie Geräusche, die Sie vorher nicht gehört haben, weil Ihre Wahrnehmung mit anderen *Wahrheiten* der Sinneserfahrung beschäftigt war. Je aufmerk-

samer Sie hinhören, desto vielfältiger wird das Angebot. Sie hören nicht nur eindeutige Geräusche wie Vogelgezwitscher, Autos oder Stimmen, sondern auch die leise Bewegung von Blättern im Wind, sehr ferne Geräusche und das winzige atmosphärische Rauschen, das immer in der Luft liegt, selbst dort, wo es scheinbar ganz still ist.
Stellen Sie sich nun vor, daß Ihr Hören viel weiter reicht als das Umfeld des mit dem Ohr Hörbaren. Hören Sie über die Atmosphäre hinaus ins Weltall, zu den Sternen, in den weiten, weiten Raum. Es ist nicht so sehr ein Hören, was Sie dabei erfahren, sondern ein Gefühl – das Gefühl von unendlichem Raum. Sie hören die Stimme des Raums.

Lächeln

Die dritte der vorbereitenden Übungen ist die einfachste. Lächeln Sie einfach ein wenig. Nach den vorangegangenen Übungen dürfte Ihnen dies nicht allzu schwerfallen.
Sie spüren, wie Ihre Mundwinkel nach oben zielen. Vielleicht haben Sie dabei zunächst das Gefühl der Künstlichkeit. Achten Sie auf Ihre Augenwinkel. Haben die sich auch bewegt? Oder nicht? Das Lächeln ist erst dann vollständig, wenn die Mundwinkel nach oben und die Augenwinkel etwas nach unten weisen. Ein Lächeln, das die Augen nicht berührt, ist eher eine Grimasse.
Beobachten Sie, wie sich Ihre Stimmung ändert, wenn Sie lächeln. Sie lächeln sich sozusagen selbst zu, und die Reaktion ist ähnlich, wie wenn jemand anderer Ihnen freundlich zulächelt. Auf ganz natürliche Weise stellt sich eine entspanntere innere Haltung ein.
Das Lächeln führt Sie in die Begegnung mit Ihrem Herzraum, dorthin, wo die Quelle der Qualität des Lächelns liegt. Diese

Qualität ist warm und sanft und heiter und füllt nach und nach den gesamten Körper aus.

Öffnen Sie danach die Augen, und genießen Sie ein wenig die angenehme Stimmung, die durch diese Übungen ausgelöst wurde. Es ist ein gutes Zeichen, wenn Sie nicht sofort aufstehen wollen. Lassen Sie diesen Zustand, wie er ist. Es wird wahrscheinlich nicht sehr lange dauern, bis er sich ändert, doch so lange sollten Sie ihn gelassen genießen.

Übung
Das Innere Lächeln

Um das Innere Lächeln einzuüben, sollten Sie sich ebenfalls einen ruhigen Tag aussuchen, auch wenn Sie diese Übung später bei allen möglichen Gelegenheiten ganz selbstverständlich einsetzen können. In ihrer einfachen Form gehört diese Übung zu den wirkungsvollsten Methoden, um Körper und Geist zu entspannen, vor allem dann, wenn man sie mit einer der zuvor beschriebenen Entspannungsübungen einleitet. Zugleich bildet sie eine natürliche Überleitung zu den Energieübungen.

Wußten Sie, daß Heiterkeit die körpereigene Abwehr stärkt und Streßhormone abbaut? Es wäre sicher viel gesünder, vergnügliche Filme anzuschauen, die einen zum Lachen bringen, als Problem- oder gar Horrorfilme. Im allgemeinen sind wir der Ansicht, daß wir nichts zu lachen haben und die Welt in einem traurigen Zustand ist, der nicht zu unserer Erheiterung beiträgt. Eine Fahrt in der U-Bahn konfrontiert uns mit unzähligen frustrierten, gestreßten, lustlosen Gesichtern. Die Zeitung verkündet Unglück, Übeltaten, massenhaft Negativität. Selbst Fernsehsendungen, die uns ihrem Titel nach zum

Lächeln einladen, präsentieren Aufnahmen, in denen anderen ein mehr oder minder schmerzhaftes Mißgeschick zustößt. Wo soll man da das Lächeln hernehmen?
Umstände spielen eine Rolle, das ist gewiß. Dennoch – ist ein heiterer Gemütszustand nur von äußeren Bedingungen abhängig? Mit der Übung des Inneren Lächelns läßt sich beweisen, daß dies keineswegs der Fall ist.

Dem Lächeln Raum geben

Nehmen Sie eine aufgerichtete, aber bequeme Sitzhaltung ein. Legen Sie die Hände locker in den Schoß, schließen Sie die Augen, und verbinden Sie sich mit Ihrem Körpergefühl. Spüren Sie die Bewegung Ihres Atems. Lassen Sie sich nicht nur äußerlich nieder, sondern auch innerlich, so daß Sie bei sich selbst ankommen können.
Und nun lächeln Sie. Sie wissen schon: Mundwinkel nach oben, Augenwinkel nach unten. Helfen Sie sich mit einem einstimmenden inneren Bild, wenn das Lächeln sich nicht ohne weiteres entfalten will. Denken Sie an einen Menschen, den Sie lieben; an ein Baby, das Sie anlächelt; an ein Kätzchen oder einen kleinen Hund. Falls der Widerstand sehr groß sein sollte, helfen auch die zuvor beschriebenen Atem- und Entspannungsübungen, um die Enge zu durchbrechen.
Zuerst spüren Sie, wie sich das Lächeln, von Mund und Augen ausgehend, im Kopf ausbreitet. Achten Sie auf die Empfindung im höchsten Punkt des Kopfes, dem »Himmelspaß«, wie er in der chinesischen Tradition genannt wird. Es ist ein gutes Zeichen, wenn dieser Bereich reagiert, zum Beispiel kribbelt oder pocht.
Dann lenken Sie das Lächeln in alle Körperbereiche, bis in die Fingerspitzen und Fußspitzen.

Spüren Sie der Körperempfindung nach, die das Lächeln auslöst. Eine Empfindung von innerer Bewegung, Wärme und Helligkeit stellt sich ein, begleitet von dem Gefühl der Sanftheit und Freundlichkeit. Überlassen Sie sich diesem Gefühl für eine Weile, und versuchen Sie, nicht in ablenkende Gedanken abzugleiten.

Ablenkung auffangen

Aber wahrscheinlich läßt sich dies nicht ganz vermeiden. Plötzlich ertappen Sie sich dabei, daß Ihr Geist davonspaziert, in irgendeine Geschichte hinein. Es spielt keine Rolle, ob es eine schöne oder unerfreuliche Geschichte ist. Es ist nicht nötig, diese Geschichte zu beurteilen, und es ist auch nicht nötig, daß Sie sich selbst beurteilen. Gedanken haben nun mal die Neigung, überall herumzustreunen. Doch wenn Sie aus der Geschichte aufwachen, kehren Sie einfach sofort zur aktuellen Situation zurück und sagen zu sich selbst: Hallo, ich bin wieder da! Dann nehmen Sie den Faden wieder auf, beginnen erneut mit dem Lächeln, spüren die Körperempfindung und das Gefühl.
Dasselbe gilt auch für den Fall, daß Sie einnicken. Sie wachen mit Sicherheit wieder auf – und dann fangen Sie eben wieder von vorn an, wie beschrieben. Haben Sie die Tendenz einzudösen, sollten Sie nicht im Liegen üben und, wenn nötig, sich gelegentlich mit der Froschatmung wieder munter machen.

Die Sonne scheint

Sie werden bereits bemerkt haben, daß die Quelle des Lächelns nicht das Gesicht ist, sondern das Herzzentrum. Aktiviert strahlt es die Qualität der Helligkeit, der Wärme und der Sanftheit aus. Diese Qualität breitet sich im gesamten Körper aus, bis Sie ganz davon erfüllt sind. Dann brauchen Sie das Lächeln nicht mehr im Gesicht aufrechtzuerhalten. Ihre Züge werden von selbst sanft und entspannt.
Der Prozeß der Veränderung in der Körperempfindung setzt sich weiter fort. Spüren Sie Ihre Körpergrenzen. Sie fühlen sich nicht mehr so kompakt an wie die Grenzen des materiellen Körpers. Gefühl und Bild verändern sich. Die Grenzen sind durchlässig, fließend geworden. Innen und Außen erscheinen weniger getrennt.
Bleiben Sie eine Weile in dieser Haltung des Sich-selbst-Zulächelns. Kennen Sie das Gefühl, wenn an einem Märztag die Sonne plötzlich erstaunlich warm ist? Beim Inneren Lächeln lassen Sie die innere Sonne aufgehen. Oder war sie vielleicht immer schon da, und Sie haben lediglich die Fensterläden geöffnet?
Wir sagen, daß morgens die Sonne aufgeht. Bei bewölktem Wetter sagen wir: »Die Sonne scheint nicht«, obwohl wir eigentlich wissen, daß sie über den Wolken durchaus gegenwärtig ist. Nachts ist überhaupt keine Sonne zu sehen. Und dennoch scheint die Sonne zu jeder Zeit. Es ist ein Frage des Standpunkts. Von unserem individuellen Standpunkt aus machen wir sehr unterschiedliche Erfahrungen mit der Sonne, je nach Erdbewegung und Wetterlage. Vom Weltraum aus könnten wir die Sonne jederzeit sehen. Das wäre der überindividuelle Standpunkt.
Diesen überindividuellen Standpunkt steuern wir mit dem

Inneren Lächeln an. Wir nehmen Verbindung mit einer inneren Ebene auf, die immer da ist, immer schon da war; wenn wir sie nicht wahrgenommen haben, dann nur deshalb, weil wir uns dafür nicht öffnen konnten. Man kann diese Ebene als grundlegende geistige Gesundheit bezeichnen.

Legen Sie sich für den Anfang auf einen bestimmten Zeitraum für die Übung fest, etwa zwanzig Minuten oder eine halbe Stunde, und halten Sie diesen Zeitraum ein. Denn auch wenn Sie einen freien Tag oder ein Wochenende oder gar einen ganzen Urlaub zur Verfügung haben, verändert sich das gewohnte Muster des inneren Spannungsbogens nicht so leicht. Die Hektik und Ungeduld des Alltags hallen nach. Ein festgelegter Zeitraum macht es leichter, bei der Sache zu bleiben.

Zum Abschluß öffnen Sie die Augen, bleiben jedoch noch ein wenig beim Gefühl des Inneren Lächelns.

Das Innere Lächeln ist ein sehr wirkungsvolles Mittel gegen die Neigung zu depressiver Verstimmung. Vor allem die berüchtigte Morgendepression läßt sich damit gut abfangen. Nehmen Sie sich abends beim Einschlafen vor, daß der erste Gedanke nach dem Aufwachen »Lächeln« lauten soll. Morgens fragen Sie sich dann: Was war es, das ich mir beim Einschlafen vorgenommen habe? Ach ja: Lächeln! Legen Sie sich auf den Rücken, und entspannen Sie sich, indem Sie sich vorstellen, wie Sie getragen werden, wie Sie sich dem Untergrund anvertrauen können. Dann beginnen Sie mit der Übung des Inneren Lächelns.

Wenn Sie das Innere Lächeln häufig üben, werden Sie sich immer öfter daran erinnern. Sie werden sich Ihres Gesichtsausdrucks mehr bewußt, und Gewohnheitsmuster werden deutlich. Plötzlich stellen Sie fest: Oh, meine Mundwinkel ziehen ja schon wieder ohne jeden Grund nach unten! Oder:

Nun runzle ich tatsächlich schon wieder die Stirn, obwohl ich mir so fest vorgenommen habe, es nicht mehr zu tun!
Eine angenehme Nebenwirkung des Inneren Lächelns ist eine Verjüngung Ihres Gesichts. Ein gramzerfurchtes oder von schlechter Laune verspanntes Gesicht macht Sie älter. Selbst Unmutsfalten, die sich längst eingegraben haben, können sich durch die häufige Praxis des Lächelns wieder glätten.

Die Pflege der Energiebahnen

Übung
Der Bär schüttelt sich

Nach guter Entspannung mit einer der beschriebenen Übungen können Sie Ihr Programm mit dieser Übung weiterführen, die den freien Fluß der vitalen Energie in den entsprechenden Energiebahnen (Meridianen) des Körpers unterstützt. Sie können dabei das Vorstellungsbild von einem Wollknäuel, den ein spielendes Kätzchen zerzaust hat, zu Hilfe nehmen. Um zu verhindern, daß sich in dem Knäuel Knoten bilden, schüttelt man die Wolle ganz sanft aus, so daß sie sich von selbst entwirren kann. Geht man dabei jedoch zu heftig vor, erntet man Knotensalat.

Die Übung hat drei Teile. Für den ersten und den zweiten Teil sollten Sie sich als Richtwert etwa je fünf Minuten Zeit nehmen, für den dritten Teil weniger, vielleicht zwei oder drei Minuten.

Stellen Sie die Beine etwa in Schulterbreite auseinander; die Füße stehen parallel. Am besten lesen Sie noch einmal durch, was im Kapitel »Vorbereitung« über das richtige Stehen gesagt wurde, und richten Sie Ihre Haltung aufmerksam ein: locker in den Knien, die Fußsohlen in gutem Kontakt mit dem Boden, die Wirbelsäule aufgerichtet. Schließen Sie die Augen, und spüren Sie Ihre Haltung von innen.

Erster Teil

Das Schütteln ist genaugenommen ein Wippen in den Knien, das Sie am Anfang durch das Heben und Fallenlassen der Fersen unterstützen können. Wenn die Fersen auf dem Boden aufstampfen, geht eine kleine Erschütterung durch Ihren Körper.
Nachdem Sie das ein paarmal wiederholt haben, lassen Sie die Fersen am Boden und wippen nur noch in den Knien.
Bei dieser Übung sind Vorstellungsbilder sehr anregend. Stellen Sie sich vor, daß die größeren und kleineren Energiebahnen, die vertikal in Ihrem Körper verlaufen, immer gerader und freier werden (dazu ist es nicht nötig, den genauen Meridian-Verlauf zu kennen). Die vitale Energie, das *Qi*, können Sie sich als Flüssigkeit vorstellen, die teils hell und strahlend, teils dunkel und stumpf ist. Die helle Energie ist gesund, die dunkle Energie enthält krankmachende Informationen. Während Sie wippen, kommt die Energie immer mehr in Bewegung, die helle Energie steigt auf, während die dunkle Energie nach unten sinkt.

Zweiter Teil

Stehen Sie nun wieder ruhig und entspannt. Stellen Sie sich vor, daß die dunkle Energie mit jedem Ausatmen durch die Energietore in den Fußsohlen abfließt, bis Ihr Körper nur noch von heller Energie erfüllt ist.
Atmen Sie aufmerksam, aber sanft ein und aus. Dabei ist der Einatem kürzer als der Ausatem. Das Atmen verbinden Sie mit dem Vorstellungsbild und dem Gefühl, sich zu erleichtern; diesen Begriff verwendet man oft als Umschreibung, wenn man das stille Örtchen aufsucht. In der chinesischen Tradition wird erklärt, daß man »schlechtes *Qi*« auch bei den üblichen

Ausscheidungsprozessen bis zu einem gewissen Grad los wird – aber eben nicht zur Genüge. Mit dieser Energieübung reinigt man sich wesentlich besser. Vielleicht machen Sie schon beim ersten Üben die Erfahrung, daß Sie sich zunehmend leichter und durchlässiger fühlen.

Dritter Teil

Zuletzt richten Sie die Aufmerksamkeit auf den Energiespeicher im Unterbauch und stellen sich vor, daß Sie all jene Energie, die im Augenblick vom Körper nicht benötigt wird, im Speicher sammeln. Dabei entsteht ein Gefühl von Zentrierung und Aufladung.

Die Pflege der Wirbelsäule

An Ruhetagen können Sie sich Zeit nehmen, etwas für Ihre Wirbelsäule zu tun. Die arme Wirbelsäule – wie muß sie sich plagen mit allen möglichen Haltungsschäden und dadurch bedingtem vorzeitigen Verschleiß. Und nicht nur äußere Einwirkungen belasten sie, auch organische Probleme muß sie mit austragen, zum Beispiel, wenn der Gallenfluß gestört ist (dann schmerzt sie in der Höhe der Galle). Selbst psychische Probleme werden nicht selten an der Wirbelsäule spürbar.
Wir können das Altern nicht verhindern, wir können den Verschleiß unseres Körpers nicht verhindern. Doch wir können dafür sorgen, daß Altern und Verschleiß langsamer und weniger dramatisch verlaufen und die Qualität unseres Lebens nicht so sehr durch Krankheiten und psychische Harmoniestörungen – Stauungen und Ungleichgewichtigkeiten unserer inneren Energien – beeinträchtigt wird. Das heißt nicht, daß wir an uns nun den Anspruch stellen sollten, das Harmonisieren unserer Energien so zu perfektionieren, daß wir nie mehr krank oder emotional unausgeglichen sein werden. Das wäre heller Unsinn. Was wir hingegen erreichen können, ist eine zunehmend größere Flexibilität in Körper und Geist. Dazu gehört nicht nur, daß sich Selbstheilungskräfte besser entfalten, sondern daß wir auch leichter akzeptieren können, was uns widerfährt.

Übung
Der Tanz des Drachen

Diese Wirbelsäulenübung aus der chinesisch-buddhistischen Tradition hat nicht nur wertvolle gesundheitliche und psychisch harmonisierende Wirkungen, sondern bereitet auch viel Vergnügen. Hat man sich mit ihr vertraut gemacht, erlebt man sie viel eher als Tanz denn als Übung.
Zum Einüben ist es allerdings wichtig, genau auf die Bewegung der Wirbel zu achten. Fangen Sie also ganz langsam an. Nur durch intensives Spüren können Sie den Energiefluß in der Wirbelsäule anregen.

Der Drache tanzt den Wellentanz

Nehmen Sie die Haltung im Stehen ein, wie sie zuvor beschrieben wurde. Die Beine sind schulterbreit auseinandergestellt, die Knie gebeugt, und die Arme hängen ganz locker in ihren Gelenken.
Leiten Sie die Übung mit den drei Vorbereitungen ein:

- Den Raum zwischen den Augenbrauen öffnen.
- Hinaus ins Universum lauschen.
- Lächeln.

Nun beginnen Sie mit einer sanften Wellenbewegung vor und zurück, die im Steißbein ansetzt. Diese Bewegung des Beckens nach vorn und nach hinten bringt die Wirbelsäule auf natürliche Weise zum Schwingen. Sie spüren, wie sich die Schwingung nach oben bis in die Halswirbelsäule fortsetzt und der Kopf dadurch mitbewegt wird. Achten Sie darauf, daß Sie die

Bewegung nicht »machen«, indem Sie etwa die Schultern oder Arme gesondert bewegen. Sie kann nur dann frei fließen, wenn Sie nicht eingreifen.

Stellen Sie sich vor, wie jeder einzelne Wirbel sich gegen den anderen bewegt und dabei Raum zwischen den Wirbeln entsteht. Alles lockert sich, wird geschmeidig, und die Bewegung wird immer natürlicher, so als bewege sich Tang in der Strömung des Wassers.

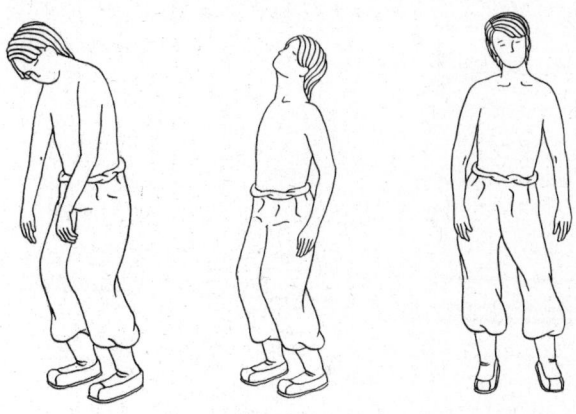

Der Drache tanzt den Pendeltanz

Die Bewegung des Pendelns bringt die Wirbelsäule in eine seitliche Schlangenbewegung.

Das Becken bewegt sich jetzt nach rechts und nach links, und die Wirbelsäule schlängelt sich hin und her. Die Arme und der Kopf schwingen mit. Auch hier sollten Sie die Aufmerksamkeit wieder gut mit der Bewegung der Wirbel gegeneinander verbinden.

Der Drache tanzt Unendlichkeit

Schließlich können Sie das Schwingen und Pendeln zu einer einzigen Übung verbinden, indem Sie mit dem Steißbein eine Acht zeichnen – vor und zurück und auch nach beiden Seiten, so daß sich eine überkreuzte Acht ergibt, wie eine vierblättrige Blüte.
Nach und nach entwickelt sich eine echte Beziehung zu Ihrer Wirbelsäule. Dann gehen Sie einen Schritt weiter und stellen sich den Fluß der Energie vor, der auf der Energiebahn entlang der Wirbelsäule in sich kreisend aufwärtssteigt.
Schließlich vermischen sich Aufmerksamkeit, Bewegung und Imagination des Energieflusses zu einer einzigen, runden Erfahrung. Dann können Sie zur Unterstützung auch eine sanfte, wiegende Musik hinzunehmen. Doch zuerst sollten Sie die Übung in allen Details praktiziert haben, so daß Körper und Geist auch wirklich miteinander in Verbindung bleiben, während Sie den Drachentanz tanzen.

Die Symbolfigur des Drachen

Die wichtigste Symbolfigur des Taoismus, der Drache, ist eigentlich eine Mischung aus Echse und Schlange, die zudem fliegen kann. Diese Drachenschlange ist überall zu Hause – im Wasser schwimmt sie, unter und auf der Erde schlängelt sie sich voran, und in den Wolken fliegt sie mit dem Wind.
Der Drache ist furchtlos, unverletzbar und lebt fünfhundert Jahre. Er kann sich in alles verwandeln, und er kann sich überall aufhalten. Es gibt den Himmelsdrachen, die Kraft der Erneuerung; den Wolkendrachen, der den Regen und damit das Leben bringt; den Erddrachen, der über Quellen und

Flüsse herrscht; und den Feuerdrachen – ein Symbol der »Inneren Alchemie« Chinas, der für die innere Entwicklung und Transformation steht.

Ein bedeutendes Symbolbild ist »der Drache mit der Perle«. Die Perle versinnbildlicht Reichtum. Ebenso wie die aus Indien nach Tibet eingeführten Naturgeister, *Nagas,* die mit einem Schlangenschwanz ausgestattet sind, gelten auch die chinesischen Drachen als Hüter der Schätze. Es gibt viele Ebenen der Interpretation der Perle des Drachen, doch die wichtigste ist das »wunscherfüllende Juwel«, die erwachte, erleuchtete Energie des Geistes.

Verbindung mit den Naturenergien

In alten Kulturen war und ist es bis zu einem gewissen Grad noch heute selbstverständlich, daß der Mensch sich mit der Natur verbunden fühlt und diese Verbindung pflegt. Es entsteht dadurch eine Beziehung und somit das Gegenteil von Isolation. Menschen, die in echter Verbundenheit mit der Natur leben, respektieren sie, würdigen sie und achten darauf, sie nicht zu verletzen. Als in Tibets Hauptstadt Lhasa der riesige Regierungspalast, der *Potala,* auf einem Hügel erbaut wurde, hob man dahinter große Mengen Erde aus. In dem See, der dabei entstand, wurde auf einer kleinen Insel ein Tempel für die Erd- und Wassergeister erbaut, wo man sich mit Opfergaben bei ihnen für den Eingriff in ihr Reich entschuldigte und sie gnädig stimmte. Seitdem brachten die vier Minister der Regierung bis zur Annexion alljährlich am Neujahrstag Opfergaben zu diesem Tempel, um die gute Beziehung zu den Naturgeistern aufrechtzuerhalten.

Westliche Menschen haben im allgemeinen wenig Verständnis für solche Rituale. Wir müssen unsere Beziehung zur Natur erst wieder aufbauen. Je mehr Harmonie zwischen unserer eigenen Energie und den Energien der Natur entsteht, desto wohler und geborgener fühlen wir uns. Es gibt die Möglichkeit, diese Energie zu personifizieren, sie in Vorstellungsbilder einzukleiden – eben in die Formen von Naturgeistern; man kann sich jedoch auch ohne solche Bilder mit der Natur in Verbindung setzen.

In der chinesischen Tradition wurde zum Beispiel die Energie von Bäumen, Kräutern und Blumen und auch vom Mond und den Sternen »eingesammelt«.

Übung
Mit einem Baum Energie austauschen

Suchen Sie sich in der freien Natur, wo Sie sich unbeobachtet fühlen können, einen Baum, der Ihnen besonders gut gefällt, der Sie »anspricht«. Er sollte nicht zu jung und nicht zu alt sein, und natürlich sollte er einen gesunden Eindruck machen. Verneigen Sie sich mit gefalteten Händen vor ihm, und bitten Sie ihn um seine Energie.

Spüren Sie mit leicht auseinandergestellten Beinen zuerst Ihre Körperhaltung, so daß Sie aufrecht, fest verwurzelt und zugleich entspannt vor dem Stamm stehen. Stimmen Sie sich mit den drei vorbereitenden Übungen ein: Öffnen Sie den Raum zwischen den Augenbrauen, lauschen Sie hinaus ins Universum, und lächeln Sie.

Stellen Sie sich nun so vor den Baum, als machten Sie einen Schritt auf ihn zu. Das rechte Bein ist vorn, das linke hinten. Beide Knie sind abgewinkelt, und das Gewicht ist auf beide Beine gleichmäßig verteilt.

Heben Sie nun die Arme ausgestreckt vor sich bis zur Höhe des Herzens. Die Handgelenke sind locker gestreckt, die Handflächen zeigen nach unten. Verlagern Sie wie in einer Geste des Zurückweichens das Gewicht auf das hintere Bein, richten Sie die Handflächen nach vorn, ziehen Sie die Hände zu sich heran, und stellen Sie sich vor, daß die starke, gesunde Energie des Baumes durch die Energietore in den Handflächen in Sie einströmt und sich im Energiespeicher im Unterbauch sammelt.

Dann neigen Sie sich wieder vor, verlagern das Gewicht auf das rechte Bein und strecken die Arme und Hände wieder aus, die Handflächen nach unten. Dabei stellen Sie sich vor, daß negativ aufgeladene Energie aus den Fingerspitzen in den

Baum strömt und von ihm aufgenommen wird. Wiederholen Sie diese Übung mindestens neunmal oder öfter.

Wahrscheinlich werden Sie bemerken, daß Sie den Rhythmus der Bewegungen ganz unwillkürlich mit dem Rhythmus Ihres Atems verbinden, so daß Sie beim Zurückweichen/Empfangen einatmen und beim Abgeben ausatmen.

Verneigen Sie sich zum Abschluß mit gefalteten Händen, und danken Sie dem Baum.

Betrachten Sie den Baum nicht als ein »Ding«, sondern als ein lebendiges Wesen. Daß Pflanzen nicht nur dahinvegetieren, vielmehr ihre Art von Wahrnehmung und Erfahrung haben, ist längst bekannt. Vielleicht haben Sie von den Laborversuchen mit diversen Pflanzen gelesen, die auf verschiedene Musikangebote positiv oder negativ reagierten, indem Sie eifrig zum Lautsprecher hinwuchsen (etwa bei Mozart) oder sich von ihm entfernten (bei Rock); oder wie eine Pflanze den »Mörder« einer benachbarten Pflanze wiedererkennen kann –

feststellbar an einem plötzlich gewaltig erhöhten osmotischen Druck, wenn die betreffende Person den Raum betritt. Wir wissen, daß Pflanzen, mit denen man freundlich umgeht, im allgemeinen besser wachsen als solche, die man emotional vernachlässigt, und daß es Menschen mit »grünen Fingern« gibt, die jegliche Flora zum fröhlichen Wuchern bringen, einfach deshalb, weil sie so viel Beziehung zur Pflanzenwelt haben.
Verwechseln Sie den Baum nicht mit einer Tankstelle. Denn wenn man so mechanistisch an Energieübungen herangeht, wirken sie nicht. Wenden Sie sich dem Baum also mit Achtung zu; bitten Sie ihn im Geist darum, Ihnen etwas von seiner Energie zu geben, und vergessen Sie nicht, ihm zu danken.

In der chinesischen Tradition sprach man bestimmten Bäumen besondere Heilkräfte für entsprechende Organe des Körpers zu. Die Energie der Kiefer stärkt die Leber, die Zypresse ist der Baum für die Nieren, und wer das Herz heilen will, so heißt es, soll sich an eine Platane wenden. Ganz allgemein gilt die Energie der Bäume als kräftigend für den Organismus.
Die chinesische Kultur hatte eine tiefe Beziehung zu Bäumen. Dies kommt auch in der Kunst zum Ausdruck – in Bildern, in Gedichten und in der Gartengestaltung. Und nicht zuletzt in Geschichten. Eine alte taoistische Geschichte macht deutlich, wie groß die Kraft ist, die man den Bäumen zusprach:

Die starke Zeder

Eine alte Einsiedlerin, die in der Einsamkeit der Berge lebte, nahm eine Waise bei sich auf, ein Mädchen namens Purpurorchidee, die ihr den Haushalt zu besorgen hatte. Das einsame Mädchen freundete sich mit den Naturgeistern der Umgebung an, ganz besonders mit dem Geist einer Zeder. Häufig setzte sie sich vor den schönen Baum und verband sich mit seiner Lebensenergie, bis sie nicht mehr wußte, wo sie selbst aufhörte und die Zeder begann.

Eines Tages kamen drei Räuber zur Einsiedelei. Mit einem Blick stellten sie fest, daß es keine Schätze zu holen gab – aber da war das Mädchen. Sie stießen die alte Frau zur Seite, die sich ihnen in den Weg stellen wollte, und befahlen Purpurorchidee, alles aufzutischen, was die armselige Küche zu bieten hatte. Das Mädchen kochte, stellte die Speisen auf den Tisch und setzte sich dann im Lotossitz auf ihre Schlafmatte. Sie konzentrierte sich auf die Zeder und zog deren Energie in ihren Körper.

Nachdem die drei Räuber mit anzüglichen Sprüchen und brüllend vor Begeisterung angesichts des Vergnügens, das sie sich nach dem Essen erwarteten, alles verspeist hatten, drangen sie auf Purpurorchidee ein. Doch sie schienen es nicht mehr mit einem menschlichen Wesen zu tun zu haben, sondern mit einer schweren Statue aus Zedernholz. Selbst als sie mit einem Messer auf das Mädchen einstachen, erreichten sie nicht mehr, als daß die Klinge abrutschte und der Angreifer sich damit selbst verletzte. Nun wurde es den wilden Gesellen recht unheimlich zumute, und sie liefen davon, so schnell sie konnten.

Übung
Die Energie von Blumen und Kräutern aufnehmen

Auch Blumen (keine abgeschnittenen Blumen oder Topfpflanzen) und Heilkräuter können Sie um ihre Energie bitten. Im alten China war die Königin der Blumen die rote Päonie (Pfingstrose), Symbol des Frühlings und der jungen Mädchen und damit der Lebenskraft. Päonien zu züchten und zu pflegen war mehr als ein rein gärtnerisches und ästhetisches Vergnügen. Es bedeutete zugleich, in den Genuß der verjüngenden Energie dieser Blume zu kommen.

Mit solchen Naturenergien kann man ganz im stillen kommunizieren oder man kann auch rituelle Gesten damit verbinden. Rituelle Gesten, wie Rituale ganz allgemein, dienen der Unterstützung eines geistigen Vorgangs; ohne diesen Vorgang haben sie keinen Wert. Das Ritual braucht den geistigen Vorgang, aber der geistige Vorgang braucht nicht unbedingt das Ritual. Es ist einfach ein gutes Hilfsmittel.

Setzen Sie sich vor die Blume oder das Heilkraut, am besten kniend im japanischen Sitz, wenn Ihnen das möglich ist. Begrüßen Sie die Pflanze, indem Sie die Hände aneinanderlegen oder auf japanische Art beide Handflächen auf den Boden stützen und sich verneigen. Damit stimmen Sie sich in eine geistige Haltung der Achtung und Aufmerksamkeit ein, die der Übung Intensität verleiht.

Halten Sie nun die Hände etwa zehn Zentimeter von der Pflanze entfernt, und konzentrieren Sie sich auf die Energietore in den Handflächen. Stellen Sie sich vor, daß Sie mit der ausstrahlenden feinen Energie der Pflanze Kontakt aufnehmen. Vielleicht haben Sie sogar das Gefühl, ihre Geige mit den Handflächen zu spüren.

Bewegen Sie die Hände rhythmisch mit weichen, ziehenden Bewegungen, als seien die Hände Saugnäpfe, die Energie ansaugen, und stellen Sie sich vor, daß die Energie der Pflanze durch die Energietore in den Handflächen in Sie einströmt und sich im unteren Speicher sammelt.

Nach neunmaliger Wiederholung (oder auch öfter) verbeugen Sie sich wieder. Bleiben Sie noch ein wenig sitzen, und spüren Sie dem Gefühl dieser Verbindung nach.

Übung
Stehen wie ein Baum

Mit der Baumsymbolik verbunden ist diese Übung, die zur Grundausstattung der chinesischen Energiearbeit gehört und angeblich zweitausend Jahre alt ist. Sie gibt viel Kraft und unterstützt die Balance der Lebensenergie im Organismus.
Bei dieser Übung ist es ganz besonders wichtig, daß Sie Ihren Stand sorgfältig einrichten.
Stehen Sie mit schulterbreit auseinandergestellten Beinen, die Füße parallel zueinander, und stellen Sie sich vor, daß Ihre Beine mehrere Meter tief in den Boden hineinreichen und fest verankert sind. Verteilen Sie das Gewicht gleichmäßig auf beide Fußsohlen.
Heben Sie die Arme wie zur Umarmung bis Brusthöhe. Bei niedrigem Blutdruck können Sie die Arme auch ein wenig höher heben; das stimuliert. Bei hohem Blutdruck senken Sie die Arme zur Höhe des Solarplexus. Die Hände sind einander zugewandt, als würden Sie einen großen Ball halten; die Finger zeigen in schulterbreitem Abstand zueinander.
Ziehen Sie nun das Kinn ein wenig an, und dehnen Sie den Nacken; stellen Sie sich dabei einen Pferdehals vor, lang, geschwungen und stark.
Lockern Sie bewußt die Schultern. Drücken Sie das Kreuzbein ein wenig nach hinten. Gleichzeitig ziehen Sie das Steißbein leicht nach innen. Gehen Sie jetzt ein wenig in die Knie, als ließen Sie sich auf einen hohen Hocker nieder. Wenn Sie die Haltung gut eingerichtet haben, ist Ihr Stand jetzt sehr stabil.
Lassen Sie ein »Baumgefühl« in sich wachsen. Verbinden Sie sich mit dem Gefühl des Verwurzeltseins und der Kraft. Die Haltung wird von Energie ausgefüllt und getragen.
Am Anfang werden Sie vielleicht nicht lange so stehen kön-

nen. Doch wenn Sie täglich ein wenig üben, lernen Sie, sich der Energie zu überlassen und die Übung immer länger auszudehnen. Auf diese Weise sammeln Sie viel Kraft.

Das Geheimnis des Mondes

Gehören Sie auch zu jenen Menschen, die bei Vollmond nicht schlafen können? Machen Sie aus der Not eine Tugend. Anstatt sich mit der Schlaflosigkeit zu quälen, eine Schlaftablette zu nehmen oder die halbe Nacht mit einem Krimi zu verbringen, genießen Sie doch die Schönheit des Mondlichts und, mehr noch, verbinden Sie sich mit seiner besonderen, geheimnisvollen Energie.

Der Mond hat Dichter und Maler aller Welt inspiriert, er ist das Licht der Liebenden und der Wächter der Geheimnisse. Eine beliebte chinesische Legende erzählt von einem Kaiser, der großes Interesse an der Magie hatte und einen taoistischen Meister der Inneren Alchemie an seinen Hof einlud, um besondere Fähigkeiten von ihm zu erlernen. Der Meister nahm den Kaiser mit zum Mond, auf dem die Mondfeen in ihrem Mondpalast wohnen. Von den Feen erlernte der Kaiser dann eine überirdische Melodie. Melodie ist Schwingung, und Schwingung ist die Eigenschaft der Energie. So kann man diese Geschichte derart entschlüsseln, daß der Kaiser zu einer überirdischen, über das Individuelle hinausgehenden, »göttlichen« Energie Zugang erhielt.

Das sanfte Licht des Mondes hebt die scharfen Konturen des Tages auf, läßt Vieldeutigkeit zu, verzaubert die Welt. Wir modernen Menschen leben im allgemeinen nicht mehr mit dem Blick hinauf zum Himmel. Die Helligkeit der Städte verhindert häufig, daß wir die Stellung des Mondes überhaupt wahrnehmen. Was für ein Verlust!

Es gibt wohl keine alte Kultur, in welcher der Mond nicht eine bedeutende Rolle spielte. In der chinesisch-buddhistischen Gottheit Kwan Yin verbindet sich die Mondsymbolik mit der Symbolik des Weidenbaums. Kwan Yin, die weibliche Personifizierung mitfühlender und heilender Energie, findet man häufig in einer Mondscheibe dargestellt, und mit einem Weidenzweig versprüht sie das Wasser des Lebens.

Die Verbindung der Mondphasen mit dem Zyklus im weiblichen Körper, ebenso wie mit der Nacht, weist auf einen Zusammenhang mit der weiblichen Energie hin. Mit weiblicher Energie ist hier nicht nur die Energie der Frau gemeint, sondern die weibliche Seite der ganzheitlichen Energie in jedem Menschen, sei es Frau oder Mann. Es ist die Energie der intuitiven, ganzheitlichen Wahrnehmung, des Gefühls, der Imagination, des Empfangens – Ergänzung der männlichen Energie des Intellekts, der Logik, des Handelns.

Wenn man also die Mondenergie einlädt, stärkt man damit auch die weibliche Seite, die wir zwar als Potential alle in uns tragen, die jedoch in unserer Kultur allzuwenig Wertschätzung genießt.

Ein chinesisches Gedicht aus dem neunten Jahrhundert deutet die poetische, kreative Seite der Mondenergie an:

Ertönt der Flöte Lied
Am Pavillon des gelben Kranichs,
Sind Ufer rot und weiß von Blumen.
Wer könnte Worte finden
Für seines Herzens tiefstes Fühlen?
Der klare Mond, die frische Brise,
Sie wissen es zu sagen.

Übung
Die Mondenergie einladen

Gehen Sie in einer wolkenlosen Vollmondnacht oder auch bei fast vollem Mond hinaus in die Natur an einen Platz, wo Sie den Mond gut sehen können und ungestört sind. Möglicherweise haben Sie einen Garten oder zumindest einen Balkon, der das ermöglicht. Sollten Sie einen Urlaub in den Bergen, an einem See oder am Meer verbringen, wo keine Häuserwände den Blick zur Weite des Himmels verstellen, so vergessen Sie nicht, nach dem Mond Ausschau zu halten. Vielleicht füllt er sich gerade und lädt zur Mondübung ein.

Wenden Sie sich dem Mond zu, und stehen Sie aufrecht, locker in den Knien und mit dem Gefühl der Verwurzelung im Boden.
Beginnen Sie mit den drei Vorbereitungen. Ist Ihnen diese Übung schon vertraut, brauchen Sie nur wenig Zeit, um ihre Wirkung zu spüren.
Breiten Sie die Arme aus, und heben Sie sie, wie bei der Begrüßung des Himmels in der Übung »Himmel-Erde-Mensch«. Achten Sie darauf, daß Sie dabei ein freies Gefühl in der Brust haben und die Schultern gelöst sind.
Fühlen Sie die Situation, und überlassen Sie sich der Erfahrung, anstatt sie herbeizudenken. Sie können den Wechsel vom Denken zum Fühlen daran feststellen, daß Sie berührt sind, daß Ihre Stimmung sanft und aufnahmebereit ist.
Nehmen Sie nun diese Energie – die Energie des Geheimnisvollen, der Intuition, der Inspiration, der Sanftheit und Berührbarkeit – in sich auf. Sie sammeln das Mondlicht auf rituelle Weise ein und »gießen« es mit beiden Händen in den Scheitelpunkt hinein, den Sie sich als nach oben trichter-

förmig offen vorstellen. Stellen Sie sich vor, daß Sie die Mondenergie wie eine Substanz zwischen den Händen halten, zum Scheitelpunkt führen und dann mit beiden Händen sanft nach unten drücken. Dann begleiten Sie mit den Händen das Absinken der Energie bis zum Speicher im Unterbauch und legen die Hände locker darauf.

Die subtile Energie ist natürlich nicht äußerlich sichtbar und auch nicht körperlich zu spüren, doch wir verfügen über das Werkzeug der Vorstellung und des Rituals. Die Vorstellung transportiert die Energie, und die rituelle Geste verdeutlicht den Vorgang. So verbinden sich Gefühl, Bild und rituelle Geste zu einer Einheit, und diese einheitliche Erfahrung wiederum ist die Brücke zur Wahrnehmung der subtilen Energie.

Wiederholen Sie diese Geste dreimal oder öfter. Sie können die Augen geöffnet lassen oder auch schließen, je nachdem, was Ihre Erfahrung besser unterstützt.

Denken Sie immer daran, daß alle Energieübungen viel mehr sind als einfach nur »Übungen« auf der Energieebene. Die subtile Energie verbindet Körper und Geist miteinander, oder anders gesagt, die subtile Energie durchdringt Körper und Geist zugleich. Erfahrungen auf der Energieebene sind ganzheitliche Erfahrungen. Es ist ein Fühlen und ein Ahnen, ein inneres Sehen und ein Wissen, ein Berührtsein und ein Erlebnis der Kraft, die untrennbar miteinander verbunden sind. Diese Erfahrung ergibt sich nicht durch Planen und Wollen, sondern durch Offenheit und Zulassen.

Die Energie der Sterne trinken

Nicht nur an den Mond, auch an die Sterne können Sie sich wenden.
Der große tibetische Meister Tsongkhapa lebte jahrelang als einsamer Yogi in den Bergen Tibets. Seine Höhle lag in einer so abgelegenen Gegend, daß er keine Möglichkeit hatte, sich mit Essen zu versorgen. Er verfügte jedoch über große yogische Fähigkeiten und ernährte sich, so wird berichtet, vier Jahre lang ausschließlich von kosmischer Energie. Er gab den Hinweis, daß sich die Energie der Sterne ganz besonders gut als subtile Nahrung eigne. Nun werden Sie sich wohl nicht allein von subtiler Energie ernähren wollen. Doch durch das Öffnen für die Energie der Gestirne können Sie Ihre Lebensenergie anreichern, und darüber hinaus ist solch eine Kommunikation mit dem Universum grundsätzlich eine große Bereicherung.

Übungen zum Tagesausklang

Die Nachtwelt betreten

Nicht nur die Art und Weise, wie wir den Tag beginnen, hat ihre Auswirkungen; auch wie wir die andere Welt, die Welt des Schlafs, betreten, ist von großer Bedeutung.
Haben Sie gelegentliche Schlafstörungen, können Sie sich mit Entspannungsübungen helfen. Sind die Störungen häufig, steckt oft ein komplexes organisches Problem dahinter, das man zunächst mit äußeren Mitteln angehen muß, die auf die vitale Energie einwirken, wie Homöopathie, Akupunktur oder andere Mittel traditioneller oder neuer ganzheitlicher Heilsysteme.
Grundsätzlich ist es in jeder Hinsicht gesundheitsfördernd, eine Zeit der Ruhe zwischen den Angelegenheiten des Tages, an denen das Denken noch klebt, und dem Schlaf einzulegen. Fernsehen bis zum Umkippen oder ein aufregender Krimi, bis die Müdigkeit einen überwältigt, oder gar Arbeit bis zur letzten Minute – das alles garantiert, daß der Schlaf nicht wirklich erholsam sein kann. Versuchen Sie es einmal anders, indem Sie eine natürliche Brücke zum Nachtbewußtsein schaffen.

Übung
Das Tor zum Schlaf öffnen

Legen Sie sich auf den Rücken, und verbinden Sie sich mit dem Atem im Bauch. Überlassen Sie sich dem tragenden Untergrund. Stellen Sie sich vor, daß der Körper mit jedem Ausatmen tiefer in die Matratze einsinkt. Entspannen Sie die Gesichtszüge, den Kiefer, die Schultern, die Arme, die Beine. Stellen Sie sich ein Seeufer oder einen Meeresstrand vor. Sie gehen über weichen Sand in das zunächst flache Wasser. Es ist angenehm, nicht zu warm, nicht zu kalt. Gehen Sie immer tiefer hinein in das Wasser. Lassen Sie sich tragen und treiben. Spüren Sie die Sanftheit und zugleich Kraft des Wassers. Achten Sie darauf, daß Sie fühlen, anstatt die Situation zu denken. Es ist nicht so, daß Sie Ihren eigenen Körper vor sich im Wasser schwimmen sehen. Sie schwimmen selbst. Sie spüren es. Das ist sehr wichtig.

Lösen Sie dann das Bild des Sees oder des Meeres auf; doch das Gefühl bleibt dasselbe. Das, was Sie nun umfängt und trägt, ist einfach Energielicht, ein unendlich weiter, heller, von Energie erfüllter Raum. Lassen Sie sich in diesem Raum treiben, leicht wie eine Feder. Wahrscheinlich brauchen Sie keinen Abschluß, sondern schlafen einfach ein. Das ist gut so.

Sollten Sie nicht einschlafen, sondern die Übung abschließen wollen, kehren Sie mit der Aufmerksamkeit in den Bauchraum und zum Atem zurück.

Übung
Bewußt einschlafen

Wenn Sie zu Bett gehen, nehmen Sie sich vor, den Prozeß des Einschlafens so lange aufmerksam zu verfolgen, wie es möglich ist. Am Anfang ist es so, als fiele ein Stein ins Wasser; so plötzlich kommt der Schlaf. Doch wenn Sie schon einige Erfahrung mit Energiearbeit gemacht haben und das bewußte Einschlafen häufig wiederholen, wird der Ablauf ein wenig deutlicher.

Legen Sie sich auf den Rücken, und nehmen Sie Verbindung mit Ihrem Körpergefühl auf. Spüren Sie Hände, Füße und Kopf, Arme und Beine, Brust und Bauch. Spüren Sie dann von der Mitte aus alles zugleich. Verbinden Sie sich mit dem Atem, und entspannen Sie sich immer mehr.

Es ist sehr harmonisierend, auf solch einer Rutschbahn der Entspannung in den Schlaf zu gleiten. Für das Nachtbewußtsein gilt wie für das Tagbewußtsein, daß die Qualität einer Situation immer davon bestimmt wird, wie die vorausgehende Situation geendet hat. Hatten Sie zum Beispiel einen Streit mit dem Partner und trennten Sie sich ohne Versöhnung von ihr oder ihm, fühlen Sie sich nicht wohl. Fand die Versöhnung statt, ist das Gefühl danach natürlich ein ganz anderes. Wann immer Sie ruhig und gelassen in eine Situation eintreten, sind Sie viel besser gerüstet, gut mit ihr umzugehen, als in einem verstörbaren, abgelenkten, aufgeregten oder voreingenommenen Zustand.

Das Nachtbewußtsein

Der Schlaf ist des Todes kleiner Bruder, heißt es. Vom Standpunkt der Energiearbeit her trifft dies genau zu, denn wie im Todesprozeß ziehen sich die subtilen Energien nach innen zurück. Dann wechselt das Bewußtsein auf eine andere Ebene, und wir leben in der Energiewelt des Traums. Dort spielen sich zwar dieselben Gewohnheitsmuster ab wie im Tagbewußtsein, doch wir befinden uns in einer Realität, die vielschichtiger ist als die des Alltags. Deshalb können Träume wichtige Botschaften vermitteln.

Entspanntes Einschlafen unterstützt eine bessere Verbindung mit der Traumebene. Es ist bekannt, daß man selbst dann träumt, wenn man meint, keine Träume zu haben. Sich an Träume zu erinnern ist wichtig. Alle Kulturen außer der unseren respektieren die Botschaften der Träume. Sie zeigen uns viel: ob wir uns von der Oberfläche des alltäglichen Geschehens einfangen lassen und im Traum die Muster des Tages repetieren oder ob wir in tieferen Bereichen unseres Geistes mit umfassenderen, wichtigeren Inhalten befaßt sind. Sie warnen, bieten Lösungen an, machen Zusammenhänge deutlich.

Sie können den Zugang zu Ihren Träumen auch dadurch unterstützen, daß Sie sich am Abend fest vornehmen zu träumen bzw. nach dem Aufwachen mit der Traumebene in Verbindung zu bleiben. Und wenn Sie Papier und einen Stift gleich neben dem Bett bereitlegen, können Sie die Themen der Träume festhalten, ohne daß sie, wie so oft, wieder vergessen werden.

Stellen Sie sich innerlich darauf ein, daß Sie träumen werden und daß Ihr Energiekörper im Traum aktiv ist. Denn wir sind ja recht lebendig in unseren Träumen, auch wenn unser Körper wie tot daliegt und unsere Sinne inaktiv sind. Es sind die Energiesinne des Energiekörpers, durch die wir im Traum wahrnehmen. Obwohl der Energiekörper frei beweglich ist, sind wir im allgemeinen im Traum durch die gewohnten Muster unserer Erfahrung gebunden und machen von dieser Freiheit keinen Gebrauch. Selten einmal fliegen wir im Traum. Wir könnten es immer tun, der Energiekörper kann es; doch es mangelt an Wachheit im Traumzustand. Aus diesem Grund wird in manchen alten Kulturen das luzide Träumen kultiviert, wobei man weiß, daß man träumt.

Während eines Urlaubs, den Sie sich gönnen und den Sie der Erfahrung mit sich selbst widmen, sollten Sie auch Ihrem Traum-Energiekörper einige Aufmerksamkeit widmen. Im allgemeinen träumt man »mehr«, ist besser angeschlossen an die Traumebene, wenn man sich in einer entspannten Situation befindet.

Die Verbindung mit der Traumebene wird dadurch vorbereitet, daß man sich überhaupt mit ihr befaßt, die Aufmerksamkeit darauf richtet. Es wird vielleicht einige Zeit dauern, bis der wiederholte Wunsch: »Ich möchte träumen! Ich möchte mich an meinen Traum erinnern!« Wirklichkeit wird. Durch folgende Übung können Sie etwas dazu tun, indem Sie sich auf der Ebene des Wachbewußtseins der Traumebene nähern.

Übung
Die Brücke zum Traum

Der geeignetste Zeitpunkt für diese Übung ist vor dem Einschlafen. Sie sollten jedoch nicht zum Umfallen müde sein. Am besten ist ein Urlaub oder eine ruhige Zeit, in der Sie tagsüber nicht allzu gefordert sind.

Legen Sie sich auf den Rücken, und entspannen Sie sich. Entspannen Sie die Hände und Füße, das Gesicht, Arme und Beine, Brust und Bauch. Verbinden Sie sich ein paar Atemrhythmen lang mit dem Atem im Bauch.

Atmen Sie dann langsam und tief durch die Nase ein, halten Sie den Einatem zwei oder drei Sekunden lang an, und atmen Sie dann durch die Nase aus. Wiederholen Sie das ein paarmal – es hilft bei der Konzentration.

Richten Sie nun die Aufmerksamkeit auf den Bereich der Kehle. Stellen Sie sich die Kehle als Raum vor – nicht etwa als kleine, enge Röhre. Es kann geschehen, daß ein Druckgefühl im Kehlbereich auftritt, sobald Sie die Aufmerksamkeit auf diese Stelle lenken. Setzen Sie diesem Gefühl das Bild eines weiten Raums entgegen, und entspannen Sie sich.

Dieser Raum ist von rotem Energielicht erfüllt. Er dehnt sich aus und mit ihm das rote Energielicht, bis Ihr gesamtes Bewußtsein davon ausgefüllt ist. Versuchen Sie, die Energie zu fühlen. Denken Sie nicht über das Gefühl nach, sondern bleiben Sie im Fühlen. Wenn die Aufmerksamkeit nachläßt, kehren Sie immer wieder zu dem roten Raum zurück.

Atmen Sie zur Unterstützung wie zuvor, indem Sie kurz den Atem nach dem Einatmen anhalten und dann sanft ausatmen. In der Pause nach dem Einatmen ist die Konzentration am dichtesten.

Haben Sie das Gefühl, durch diese Art des Atmens allzu wach zu werden, verlegen Sie die Atempause an das Ende des Ausatmens.

Versuchen Sie nicht, wach zu bleiben. Es ist gut, wenn Sie während der Übung einschlafen. Wenn Sie längere Zeit so üben, verändert sich Ihre Traumerfahrung. Sie fühlen sich weniger im Traumgeschehen gefangen und erleben immer öfter, daß Sie im Traum wissen, daß Sie träumen, oder Sie ahnen es zumindest.

Um die willkürliche Abgrenzung zwischen Tag- und Nachtbewußtsein zusätzlich zu unterwandern und die Einsicht in die Relativität der alltäglichen Erfahrung zu unterstützen, sagen Sie sich nach dem Aufwachen: »Ich träume, daß ich aufwache. Ich träume, daß ich ins Badezimmer gehe. Ich träume, daß ich frühstücke.« Und im Laufe des Tages können Sie sich immer wieder daran erinnern: »Ich träume, daß mein Chef mich anknurrt« – »Ich träume, daß ich zu einem Rendezvous gehe« usw. Dies ist eine sehr auflockernde Methode, die Ihnen hilft, sich weniger heftig in Ihre emotionalen Erfahrungen zu verstricken.

Übungen für jeden Tag

Übung
Pflege der Knie

Diese wie die folgenden Übungen sind jeweils kurz und lassen sich besonders leicht in den Alltag einfügen. Sie unterstützen die Gesundheit und das allgemeine Wohlgefühl, und obwohl sie einen eher unscheinbaren Eindruck machen, sind sie doch bei regelmäßigem Üben sehr wirkungsvoll.

Die alten Chinesen sagten: »Das Altern des Körpers beginnt in den Knien.« Halten Sie sich den Gang eines alten Menschen vor Augen. Steifbeinig tastet er sich vorwärts – man müßte eher sagen »steifknieig«, denn der Eindruck der Zerbrechlichkeit, den viele alte Menschen machen, rührt vor allem von den steifen Knien her.
Überanstrengen wir die Knie durch exzessive sportliche Betätigung, schädigen wir sie. Beanspruchen wir sie zu wenig, tut ihnen das auch nicht gut. Die Knieübungen bieten eine gute Balance. Selbst wenn Ihre Arbeit Sie zu ständigem Sitzen zwingt, können Sie die Knie durch regelmäßige kleine Übungen entlasten. Auch der Neigung zu Krampfadern wird durch die Knieübungen entgegengewirkt.
Zum Üben sollten Sie am besten keine Schuhe tragen. Doch wenn Sie die Knieübungen am Arbeitsplatz oder während eines Spaziergangs im Park machen wollen, geht es notfalls auch mit Schuhen, vorausgesetzt, sie sind bequem und haben keine hohen Absätze.

Mit den Knien parallel kreisen

Stehen Sie zuerst in der eingangs beschriebenen Stehhaltung, die Füße dicht nebeneinander, mit aufgerichteter Wirbelsäule und lockeren Knien. Der Kopf erhebt sich gerade aus den Schultern, die Arme hängen frei. Selbst bei ganz kleinen Übungen sollten Sie das Prinzip Anfang-Mitte-Ende nicht ganz aus den Augen verlieren. Wenn Sie sich die kleine Mühe machen, erst einmal »bei sich anzukommen«, bevor Sie mit einer Übung beginnen, wirkt sie viel stärker, und das ordentliche Abschließen hält die Energie zusammen.

Reiben Sie die Handflächen aneinander, bis sie warm sind. Achten Sie auf das Gefühl im Mittelpunkt der Hände. Entfernen Sie die Hände ein wenig voneinander, entsteht ein leichtes Ziehen in der Handmitte. Das bedeutet, daß die Energietore in der Mitte der Handflächen aktiviert sind.

Gehen Sie nun noch mehr in die Knie, und legen Sie die rechte Hand auf das rechte Knie und die linke Hand auf das linke

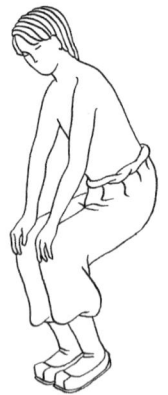 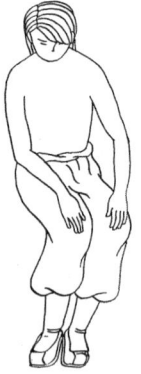

Knie. Spüren Sie in die Handflächen hinein, und stellen Sie sich vor, daß sich die Energietore in deren Mitte öffnen, so daß Energie in die Knie fließen kann und darin kreist. Dabei können Sie das Bild zu Hilfe nehmen, daß die Knie im Inneren durch die kreisende Energie »ausgewaschen« werden. Wenn Sie zuvor mit der Übung »Energieatmung« Ihre vitale Energie angereichert haben, steht natürlich noch mehr Energie zur Verfügung, die durch Ihre Handflächen in die Knie fließen kann.

Kreisen Sie mit den Knien neunmal nach einer Seite, dann neunmal nach der anderen Seite. Machen Sie weite Kreise, und halten Sie eine aufmerksame Verbindung mit dem Gefühl in den Knien und auch in den Knöcheln.

Mit den Knien gegeneinander kreisen

Nach dem parallelen Kreisen nach beiden Seiten nehmen Sie wieder die Ausgangsposition ein: die Knie gebeugt, die Hände auf den Knien. Jetzt machen Sie mit den Knien gegenläufige kreisende Bewegungen. Die Knie gehen nach vorn wobei Sie etwas mehr in die Hocke gehen, nach außen und nach hinten –, wobei die Beine sich strecken. Wieder fließt die Energie durch die Energietore in den Handflächen in die Knie und bringt Lebendigkeit hinein.

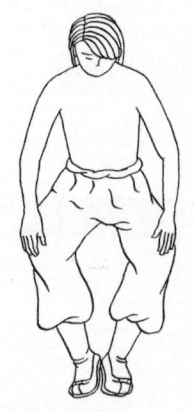

Nachdem Sie die Knie derart neunmal gegeneinander kreisen ließen, kreisen Sie neunmal in

umgekehrter Richtung. Die beiden gegenläufigen Kreise beginnen jetzt mit der Bewegung der Knie nach hinten.
Schließen Sie damit ab, daß Sie noch einmal kurz die Stehhaltung einnehmen.

Diese Pflege der Knie gehört zu den Basisübungen der Kampfkünste, die auch heute noch im berühmten Shaolin-Kloster, der traditionsreichen Hochburg der Kampfkunst in China, gelehrt werden. Uralte Mönche und Winzlinge, die schon im Alter von fünf Jahren im *Wushu,* dem Kampfkunst-Training, ausgebildet werden, beginnen ihre Trainingsrunden mit dem Kreisen der Knie, und die Alten sind dabei nicht weniger geschickt und locker als die Kleinen.

Stärken der Knie

Wenn Sie die Knie auf diese Weise belebt haben, wird Ihnen die folgende Übung, die Ihren Knien mehr Kraft gibt, kaum Schwierigkeiten bereiten. Nehmen Sie die »Kutscherhaltung« ein: Stehen Sie mit breit auseinandergestellten Beinen, die Füße möglichst parallel oder nur ein wenig nach außen gerichtet. Gehen Sie in die Knie, und stemmen Sie die Hände so in die Leisten, daß alle Finger nach innen zeigen; die Ellenbogen stehen vom Körper ab.
Wahrscheinlich ist Ihr Oberkörper jetzt vorgebeugt. Richten Sie ihn so gerade wie möglich auf und achten Sie darauf, daß das Becken weder nach hinten noch nach vorn kippt. Bewegen Sie es vor und zurück, und suchen Sie die mittlere Position.
Stellen Sie sich vor, daß an Ihrem Steißbein ein Senkblei hängt, das nach unten zieht und die Wirbelsäule streckt. Das tut der Wirbelsäule gut und stabilisiert gleichzeitig die Haltung.

Spüren Sie nun das Kreisen der Energie in den Knien.
Behalten Sie diese Haltung nur so lange bei, bis die Spannung in den Knien unangenehm wird, denn eine Überanstrengung der Knie ist natürlich nicht der Sinn der Übung. Es ist daher besser, diese kleine Übung häufig zu wiederholen, dann wird das Stehen in dieser Haltung immer leichter.

Übungen
Kleine Übungen für Gefangene des Schreibtischs

Viele Menschen der modernen Industriegesellschaft bringen einen großen Teil ihres Lebens am Schreibtisch zu. Diese sitzende Lebensweise ist, wie jeder weiß, höchst ungesund, aber schließlich haben wir keine Wahl. Wir nehmen sie hin wie die verschmutzte Luft, die minderwertigen Lebensmittel und den Radau der Städte in den Ohren.
Die Energiearbeit gibt uns auch hier Mittel in die Hand, die unsere Lage verbessern können.

Den Kopf befreien

Bei der Arbeit am Schreibtisch ist vor allem der Kopf aktiv, und die vitale Energie steigt nach oben, wo sie auch tatsächlich gebraucht wird. Doch das Problem liegt darin, daß die Energie unten nicht verankert ist und deshalb oben bleibt. Ihre Tendenz, ständig nur nach oben zu steigen, drücken wir damit aus, daß wir sagen: »Der Kopf raucht«. Der Kopf wird heiß, die Füße werden kalt – kein guter Zustand. Es ist also nötig, von Zeit zu Zeit die Energie wieder nach unten zu ziehen.
Richten Sie sich auf Ihrem Schreibtischstuhl gerade auf. Am

besten setzen Sie sich ganz nach vorn, so daß die Beine – breit auseinandergestellt – frei stehen können und die Fußsohlen guten Kontakt zum Boden haben. Legen Sie die Hände mit den Handflächen nach unten locker auf die Oberschenkel. Die Ellenbogen sollten ein wenig abstehen, so daß die Seiten frei sind. Verbinden Sie sich mit dem Atem im Bauch. Atmen Sie etwa eine Minute lang langsam und tief in Bauch, Rücken und Seiten hinein. Lächeln Sie ein wenig; so vermeiden Sie, daß die Kieferpartie angespannt ist und die Energie festhält.

Richten Sie dann die Aufmerksamkeit auf die Fußsohlen. Stellen Sie sich bei jedem Ausatmen vor, daß die Energie nach unten sinkt. Bleiben Sie ein paar Minuten lang mit der Wahrnehmung in den Fußsohlen, und bald werden Sie eine Reaktion spüren – Wärme, Kribbeln, ein Gefühl des Fließens. Verbinden Sie sich dann noch drei Atemzüge lang mit dem Atem im Bauch. Sie können diese Übung natürlich länger ausdehnen. Doch schon ein paar Minuten reichen aus, um den Kopf freier zu bekommen.

Das Denken klären

Diese Übung eignet sich besonders zur Ergänzung der vorhergehenden Übung. Sie können aber auch die beiden Übungen abwechseln – am besten im Halbe-Stunden-Rhythmus.

Nehmen Sie die zuvor beschriebene Sitzhaltung ein. Verbinden Sie sich eine Minute lang mit dem Atem im Unterbauch.

Richten Sie dann die Aufmerksamkeit auf Ihren Kopf. Spüren Sie Ihr Gesicht, und entspannen Sie es. Spüren Sie den Hinterkopf, und lösen Sie auch dort Spannungen. Das Gefühl der Entspannung verbindet sich von selbst mit dem Bild zuneh-

mender Helligkeit im Kopf. Bleiben Sie dann eine kleine Weile mit dieser Empfindung verbunden.
Den Abschluß bilden wieder ein paar Atemzüge mit Bauchatmung.

Wedeln

Wenn Sie in einem Großraumbüro arbeiten, müssen Sie sich möglicherweise auf die Übungen ohne Bewegung beschränken, weil Sie sich, selbst wenn niemand etwas dagegen hätte, nicht ganz wohl dabei fühlen würden. Vielleicht können Sie jedoch Ihre Arbeitskollegen dafür gewinnen, das ewige Sitzen ein wenig aufzulockern und sich das Vergnügen gemeinsamer Bewegungsübungen zu gönnen.
Die folgende Übung aus dem taoistischen Repertoire ähnelt der Skigymnastik, mit der man sich für das Wedeln fit macht:
Stehen Sie mit leicht auseinandergestellten Beinen. Die Füße stehen parallel zueinander, etwa eine Fußlänge voneinander entfernt. Nehmen Sie die korrekte Stehhaltung ein, und atmen Sie ein paarmal in den Bauch.
Drehen Sie das Becken nach links und rechts, während Sie den Oberkörper gerade halten. Die locker hängenden Arme machen ganz natürlich die Bewegung mit und balancieren sie aus. Wiederholen Sie die Drehung nach beiden Seiten hundertmal.
Nehmen Sie danach wieder die Stehhaltung ein, und verbinden Sie sich ein paar Atemzüge lang mit dem Bauch.
Diese Übung kann zwar nicht den Spaziergang im Freien ersetzen, doch Sie werden sich danach wesentlich lockerer fühlen, vor allem dann, wenn Sie durch die gelegentliche Wirbelsäulenübung den Energiefluß in der Wirbelsäule unterstützen. Erwarten Sie jedoch nicht, daß Sie die Wirkung gleich

beim ersten oder zweiten Mal spüren, so als hätten Sie eine Tablette geschluckt. Eher ist es wie mit dem steten Tropfen, der den Stein höhlt. Tropft es regelmäßig und in kurzen Abständen, wird der Stein schneller ausgehöhlt. Tropft es nur langsam und hin und wieder, dauert es viel länger.

Übungen
Die Fahrt zur Arbeit nützen

Wenn Sie mit Bus oder U-Bahn unterwegs sind, bietet sich eine gute Gelegenheit für die eine oder andere kleine Energieübung. Gerade solche Alltagssituationen eignen sich besonders gut, um neue, positive Gewohnheiten aufzubauen. So hilfreich es auch sein mag, im Urlaub oder an Wochenenden intensiv die größeren Übungen zu praktizieren, so wertvoll sind tägliche kleine Übungen. Man kann das mit dem Zähneputzen vergleichen. Hat man sich erst einmal daran gewöhnt, vergißt man es nicht mehr. Wahrscheinlich kennen Sie das irritierende Gefühl, wenn Sie spät am Abend müde ins Bett gefallen sind und sich nicht mehr dazu aufraffen konnten, die Zähne zu putzen. Irgend etwas stimmt nicht. Die Zähne! Die Zunge streicht zwanghaft über den Belag. Ein unangenehmes Gefühl! Schließlich haben Sie genug von dieser Irritation; Sie stehen doch noch einmal auf und putzen sich die Zähne.
Hat man sich erst einmal an die Energiearbeit gewöhnt, beginnen Körper und Geist danach zu verlangen. Zuerst investieren wir ein gewisses Maß an Disziplin, dann erinnern wir uns immer öfter daran: Ach ja, ich könnte jetzt die Zeit für ein wenig Energiearbeit nützen! Und schließlich gehört diese Praxis einfach zu unserem Leben, entwickelt sich, entfaltet sich und macht uns neugierig auf mehr.

Raum entfalten

Wenn Sie in einem öffentlichen Verkehrsmittel unterwegs sind, können Sie folgende kleine Übungen praktizieren, bei denen Sie die Augen nicht schließen müssen:
Richten Sie Ihre Sitzhaltung unauffällig auf. Spüren Sie in Ihre Haltung hinein: in die aufgerichtete Halswirbelsäule, die Kopf und Schultern eine natürliche Würde verleiht; in die Füße, die gut mit dem Boden verbunden sind; in die Beine, vor allem die Oberschenkel, in denen sich leicht Spannungen festsetzen und die Sie durch die Zuwendung der Aufmerksamkeit lösen. Nehmen Sie auch Ihre Gesichtszüge wahr, und entspannen Sie Mund und Stirn.
Danach folgen die drei Vorbereitungen. Vor allem das Hinauslauschen ins Universum ist sehr wichtig, so daß sich ein gutes Gefühl für den unendlichen uns umgebenden Raum einstellt.
Atmen Sie in den Bauchraum.
Stellen Sie sich das Innere Ihres Körpers als Raum vor. Atmen Sie ruhig, und verbinden Sie sich mit dem Gefühl des lebendigen, von heller, bewegter Energie erfüllten Raums in Ihrem Körper.
Dann schließen Sie, bevor Sie fast an Ihrer Zielstation angekommen sind, die Übung mit der Rückkehr der Aufmerksamkeit in den Bauchraum ab.

Doch Sie können auch noch weitergehen:
Stellen Sie sich die anderen Menschen um Sie herum ebenfalls als von heller Energie erfüllte Räume vor, und Sie selbst und alle anderen sind wiederum von Raum umgeben. Dadurch verändert sich Ihre Wahrnehmung der anderen Menschen. Sie sind nicht mehr Objekte der Beurteilung. Denn oft ist die Fahrt

in Bus oder U-Bahn bedrückend. Sie könnten dann natürlich versuchen, die anderen nicht wahrzunehmen, sich abzuschotten, zu isolieren. Doch das bedeutet, die Situation abzulehnen, und dieser Widerstand schafft eine negative innere Atmosphäre. Es ist daher besser, sich – wie oben beschrieben – auf eine andere Wahrnehmungsebene zu begeben.

Der Energiemantel

Vielleicht fühlen Sie sich gerade besonders schwach, exponiert, verletzlich. Möglicherweise sind Sie ein wenig krank, oder Sie durchleben eine Phase besonderer Dünnwandigkeit. Vielleicht müssen Sie mit sehr schwierigen Menschen arbeiten – Schwerkranken, psychisch Gestörten usw. Wenn es Ihnen unter diesen Umständen nicht gelingt, Raum zu entfalten, können Sie sich zumindest mit einer Energiehülle schützen.
Stellen Sie sich vor, daß Sie mit dem »Energieatmen« vitale Energie heranziehen und um sich herum verdichten. Beschreiben Sie mit den Händen die Hülle – seitlich, unten und oben. Packen Sie sich in Energie ein wie in einen schützenden Mantel. Strecken Sie die Hände aus mit der Vorstellung, durch die Hülle hindurch nach draußen zu greifen. Ziehen Sie die Hände wieder zurück.
Befinden Sie sich dann in einer schwierigen Situation, aktivieren Sie die Schutzhülle einfach, indem Sie an sie denken. Sie ist immer noch da. Sie können sich darin geborgen fühlen. Es ist so, als würden Sie aus einem warmen Raum durch Fensterglas in frostige Kälte hinausschauen.
Machen Sie sich jedoch klar, daß dies eine Notmaßnahme ist. Die Energiearbeit soll Ihnen helfen, die Mauer dualistischer Vorstellungen letztlich zu durchbrechen, nicht, sie

zu bestätigen. Ein starkes Schutzbedürfnis bannt Sie in die Enge, doch das beste Gegenmittel gegen Enge ist und bleibt Raum.

Lächelnde Energie verbreiten

Sie können die Fahrt im öffentlichen Verkehrsmittel auch zur Übung einer Version des Inneren Lächelns benützen.
Beginnen Sie wie zuvor mit dem Spüren der Haltung und der Verbindung mit dem Körpergefühl.
Lächeln Sie ein wenig – es muß ja äußerlich nicht sehr auffällig sein. Die helle Energie des Lächelns verbreitet sich in Ihrem gesamten Körper, warm, hell, freundlich. Stellen Sie sich Ihre Körpergrenzen als durchlässig vor. Die Energie des Lächelns strahlt nach außen, breitet sich um Sie herum aus, umgibt und durchdringt die Menschen um Sie herum.
Bleiben Sie bei dem Gefühl des sanften Strahlens. Sie fühlen sich wie ein Öfchen, das Wärme abgibt; und ebensowenig, wie sich das Öfchen darum kümmert, wer von dieser Wärme profitiert, strahlen Sie diese Energie unterschiedslos in die Runde – von dem Schulkind mit dem schweren Ranzen auf dem Rücken zu dem Mann, der wie ein Penner aussieht, oder dem jungen Typen mit dem nackten Kopf und dem Ring in der Unterlippe; von der Dame mit dem strengen Gesicht, deren Mund nur ein Strich ist, zu dem jungen Mädchen mit den langen, dünnen Beinen und der arroganten Kopfhaltung, zu allem und jedem.
Den Abschluß bildet, wie immer, die Rückkehr der Aufmerksamkeit zum Bauchraum.

Diese Übungen kann man auch überall einsetzen, wo man warten muß. Sie hellen die Stimmung auf, und jedesmal wenn

Sie üben, stabilisieren Sie ein bißchen mehr die Verbindung mit Ihrer Energieebene.

Übungen beim Spazierengehen
Raum fühlen

Gehen Sie immer wieder einmal hinaus in die Natur oder in einen großen Park, wo man in die Weite schauen kann und der Blick nicht an Mauern oder hohe Bäume stößt.

Halten Sie am Rand einer ausgedehnten Wiese, eines Feldes oder eines Sees inne, und nehmen Sie mit der Weite Verbindung auf. Denken Sie: »Raum, weiter, weiter Raum«, lassen Sie dann den Gedanken zurücktreten, und fühlen Sie den Raum. Sehen Sie Raum, hören Sie Raum, atmen Sie Raum, spüren Sie Raum. Geben Sie Ihrem Gefühl die Freiheit, sich weit auszudehnen und den Raum zu genießen.

Sind Ihre Gedanken sehr unruhig, hilft es, wenn Sie sich mit dem Atem verbinden und sich vorstellen, die Weite in sich einzuatmen und alle Gefühle der Enge auszuatmen. Sie begleiten den Einatem mit dem Gedanken »Weite« und den Ausatem mit dem Gedanken »Enge«. Denken Sie jedoch nicht weiter darüber nach.

Wenn Sie dann über die Wiese, am Feld oder am See entlanggehen, behalten Sie das Gefühl für den Raum bei. Spüren Sie zugleich aufmerksam in die Bewegung des Gehens hinein. Sie spüren Bewegung in den Beinen, in den Hüften, im Rücken, in den Schultern. Dazu kommt die Bewegung des Atems.

Bleiben Sie in dieser Verbindung mit der eigenen Bewegung und dem Raum, durch den Sie sich bewegen.

In den Himmel tauchen

Suchen Sie an einem wolkenlosen Tag ein Plätzchen, das einen freien Blick in den Himmel gewährt. Die Sonne sollte hinter Ihnen sein, so daß Sie nicht geblendet werden.
Vielleicht haben Sie als Kind gern in den Himmel geschaut und gerätselt, wo das Ende des Universums sein mag oder wie es sein kann, daß das Universum unendlich ist. Und dann wurden die Gedanken vom Fühlen abgelöst, und es war wie ein Fallen nach oben, hinaus in das blaue Licht des Weltraums. An diese Erfahrung können Sie hier anknüpfen.
Schließen Sie die Augen, und nehmen Sie Verbindung mit dem Atem im Bauch auf, bis Sie das Gefühl haben, gut im Bauch zentriert zu sein.
Öffnen Sie dann die Augen, und schauen Sie hinaus in das Blau, das Farbe ist und doch nicht Farbe, blaues Licht ohne eine Lichtquelle, unendlich weit und tief. Möglicherweise sehen Sie am Rand Ihres Blickfeldes ein wenig von der umgebenden Landschaft oder, falls Sie auf einer Wiese liegen, Grashalme. Richten Sie jedoch Ihre Aufmerksamkeit auf den Himmel, bis Sie ein Gefühl des Eintauchens haben. Lassen Sie das Denken zurücktreten, und verbinden Sie sich mit der direkten Wahrnehmung und dem unmittelbaren Fühlen. Es können Augenblicke entstehen, in denen Ihr Bewußtsein völlig vom blauen Licht des Himmels ausgefüllt ist. Auch wenn diese Augenblicke nur ganz kurz sind, haben sie dennoch eine bedeutende Wirkung. Ihr Geist kann sich auf diese Weise daran gewöhnen, sich mit einem Inhalt ohne Form zu begnügen – eine wichtige Annäherung an die Arbeit mit einer sehr feinen Energieebene.

Energieatmung beim Gehen

Die Übung des Energieatmens läßt sich gut mit einem Spaziergang verbinden. Selbst wenn Sie nur einen Park innerhalb der Stadt dafür zur Verfügung haben, sollte Sie das nicht abhalten. Die Luft, die Sie einatmen, mag nicht die beste sein, doch die »eingeatmete« subtile Energie ist davon nicht betroffen.
Stellen Sie sich vor, daß Ihre Poren kosmische Energie ansaugen. Setzen Sie die beschriebene Gegenbauchatmung ein, und verbinden Sie Ihre Atemrhythmen mit dem Rhythmus der Schritte, etwa so: Vier Schritte lang einatmen, dabei den Bauch einziehen und den Dammpunkt hochziehen; vier Schritte lang ausatmen und dabei die Bauchdecke und die Muskulatur des Beckenbodens entspannen. Beim Einatmen nehmen die Poren feinste, klarste Energie aus dem Kosmos auf. Beim Ausatmen entlassen sie »schlechte« Energie, die sich in der Weite auflöst.

Übungen mit Kindern

Kinder sollen fühlen dürfen

Kinder ab dem Schulalter müssen sich sehr früh auf eine innere Haltung einstellen, die sie vom Fühlen trennt. Von diesem Punkt an sollen sie in erster Linie denken, und es dauert nicht lange, bis die Fähigkeit zu fühlen immer mehr zurückweicht. Dazu kommt die Scheinbefriedigung durch die Droge Fernsehen, die natürliche innere Bilder und Gefühle durch künstliche Bilder und künstliche Gefühle ersetzt. Dann leiden Kinder an Unruhe, Konzentrationsstörungen und Unzufriedenheit.

Wenn Sie mit Kindern Energieübungen machen wollen, sollten diese immer die Form eines Spiels haben, wobei viel von Ihrer Beziehung zu dem Kind oder den Kindern abhängt. Sie selbst sollten sich mit entsprechenden Energieübungen vorbereiten und in der Lage sein, eine einladende und mit unterstützender Energie angereicherte Atmosphäre zu schaffen.

Vielleicht haben Sie auch ein konzentrationsgestörtes, allzu unruhiges oder zurückgezogenes Schulkind. In diesem Fall sollten Sie sich ein paar grundsätzliche Fragen stellen:

Wieviel Zeit verbringe ich mit meinem Kind?

Wieviel von dieser Zeit wird von Reden über alltägliche Angelegenheiten – Schule, Hausaufgaben, Pflichten, Probleme – ausgefüllt?

Wieviel Zeit bleibt zu spielerischer, kreativer Kommunikation?

Wann ist im gemeinsamen Tagesablauf die beste Zeit dafür?

Machen Sie einen Plan für regelmäßiges Üben mit dem Kind, denn Energieübungen wirken nur auf Dauer, wie Sie inzwischen schon wissen. Vielleicht können Sie die Eltern der

Freunde Ihres Kindes oder Ihrer Kinder überzeugen und gemeinsame Sessions veranstalten. Auch hier hat die gemeinsame Praxis viele Vorteile.

Alle Übungen, die Sie Kindern anbieten wollen, müssen Sie selbst zuerst gut kennengelernt haben. Deshalb wendet sich die Beschreibung der Übungen zunächst an Sie. Die Art, wie Sie dann die Übung dem Kind vermitteln, liegt bei Ihnen. Einige Beispiele können Sie als Vorlage verwenden.

Übung

Katzenbuckel

Haben Sie einmal eine Katze beobachtet, wenn sie sich vom Schlaf erhebt und sich reckt und streckt und den berühmten Katzenbuckel macht? Allein schon das Zuschauen tut gut. Es liegt soviel natürlicher Genuß in diesen Bewegungen.

Häufiges Katzbuckeln ist ein gutes Mittel gegen Haltungsschäden durch langes Sitzen auf der Schulbank. Sie können es als kleine abendliche Übung vor dem Schlafengehen einführen. Auch für Sie selbst ist es eine wirkungsvolle Übung zur Unterstützung der Rückenatmung und zur Lockerung und Belebung der Wirbelsäule.

Stützen Sie sich auf Hände und Knie, so daß Arme und Oberschenkel jeweils einen rechten Winkel zum Körper bilden. Die Hände sind schulterbreit voneinander entfernt, die Knie stehen nebeneinander. Spüren Sie ein paar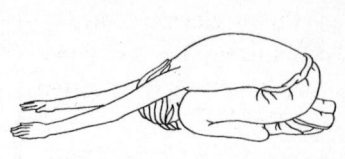
Atemzüge lang hinein in die Haltung und in die Verbindung mit dem Boden.

Atmen Sie langsam ein, und runden Sie dabei den Rücken. Die Bewegung des Rundens beginnt im Becken – wobei das Steißbein nach unten zeigt –, verläuft die Wirbelsäule aufwärts bis in den Hals und endet am Kopf, der sich nach unten neigt. Wenn Sie völlig eingeatmet haben, bilden Becken, Rücken und Kopf einen einzigen Bogen.

Beim Ausatmen senkt sich der Rücken, bis er völlig locker ist. Das Steißbein und der Kopf weisen jetzt ein wenig nach oben.

Wiederholen Sie das Katzbuckeln neunmal und nehmen Sie dann noch einmal kurz die Ausgangsposition ein.

Zum Abschluß lassen Sie sich auf die Fersen nieder und schieben die Arme nach vorn, bis sie völlig ausgestreckt sind. Legen Sie die Stirn auf den Boden, und bleiben Sie ein paar Atemzüge lang in dieser locker gestreckten Haltung.

Übung
Schmetterling

Diese Übung unterstützt vor allem die Flankenatmung, die ebenfalls beim langen Sitzen zu kurz kommt.

Nehmen Sie die Grundhaltung des Stehens ein. Die Wirbelsäule

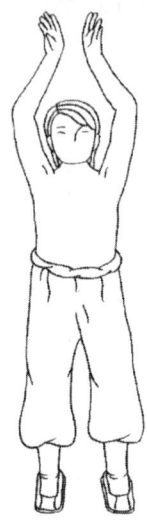
ist aufgerichtet, der Kopf sitzt frei auf den geraden Schultern. Die Beine sind schulterbreit auseinandergestellt und tief im Boden verankert, wie die starken Wurzeln eines gesunden Baums. Die Knie sind locker, das Becken ist weder nach hinten noch nach vorn gekippt.

Nun hebt der Schmetterling den rechten Flügel. Heben Sie also den ausgestreckten Arm bis über den Kopf, und atmen Sie in die gedehnte Seite.

Senken Sie den Arm bis in die Ausgangsposition, und atmen Sie dabei aus. Wiederholen Sie diese Bewegung neunmal.

Stehen Sie dann wieder ruhig, und richten Sie die Aufmerksamkeit auf die unterschiedliche Wahrnehmung der beiden Körperseiten. Wie fühlt sich die rechte, beatmete Körperseite jetzt an? Größer? Heller? Leichter?

Dann heben Sie den linken Arm und atmen in die so geöffnete Seite, ebenfalls neunmal. Achten Sie danach auf das Gefühl in der linken Körperseite. Schließlich hebt der Schmetterling beide Flügel und ruht in der für ihn typischen Ruhehaltung mit hochgeklappten Flügeln. Heben Sie also beide Arme bis über den Kopf, bis sich die Handrücken berühren. Atmen Sie neunmal in die beiden gedehnten Flanken, ohne die Arme zu senken.

Zuletzt fliegt der Schmetterling: Heben Sie beide Arme beim Einatmen, und senken Sie sie beim Ausatmen – neunmal.

Atmen Sie abschließend in der Stehhaltung dreimal tief in den Bauch.

Übung
Tierspiele

Die klassischen chinesischen Übungen zur Anregung und Stärkung der vitalen Energie, vor allem im Zusammenhang mit den Kampfkünsten, basieren zu einem großen Teil auf Tierbeobachtungen. Die geschmeidige Kraft des Tigers, die Behendigkeit des Affen, die geerdete Stabilität der Schildkröte, die himmlische Freiheit des Kranichs – alle diese Eindrücke inspirieren zum Nachempfinden und zur Entfaltung der entsprechenden Fähigkeiten auf der Ebene der vitalen Energie.

Wir können uns diesem Prinzip anschließen und es ebenso machen. Kindern mit ihrer starken Imaginationskraft fällt es im allgemeinen leicht, sich ein Tier vorzustellen und sich in es hineinzufühlen. Am besten beginnt man damit, daß man den Kindern die Wahl läßt: Welches Tier gefällt dir besonders gut? Als welches Tier möchtest du dich gern fühlen? Vielleicht eine Katze?

Katze

Legen Sie sich mit dem Rücken auf den Boden, schließen Sie die Augen, und stellen Sie sich eine Katze vor. Nehmen Sie dann eine katzentypische Haltung ein: die Pfoten unter sich eingesammelt in der »Müffchen«-Haltung; seitwärts sitzend mit aufgestützten Handflächen und gestreckten Armen; oder auf dem Rücken liegend und die Hinter- und Vorderpfoten angezogen, wie es Katzen tun, wenn sie sich am Bauch kraulen lassen wollen. Sie sollten sich dabei so »katzig« wie möglich fühlen.

Stehen Sie auf, und bewegen Sie sich wie eine Katze. Natürlich läuft eine Katze nicht auf zwei Beinen, sondern auf vieren, doch nun geht es mehr um das besondere Gefühl als um das innere Bild in der Vorstellung. Es geht um die weiche, lockere Art des Gehens, mit flexiblen Knien, unhörbar, federnd, kraftvoll. Den Abschluß bildet die Stehhaltung mit drei Atemzügen in den Bauch.

Mit Kindern kann man ein Spiel im Freien daraus machen: »Geht so sanft und leise wie eine Katze! Umkreist einander wie die Katzen! Haltet still wie eine Katze vor dem Mauseloch! Springt so flink wie die Katze, die eine Maus verfolgt! Hüpft wie die Katze, die eine Fliege jagt!«

Der Katze werden in der chinesischen Tradition besondere Kräfte zugesprochen, vor allem schädliche, dämonische Kräfte. Noch heute drohen Mütter ihren unbotmäßigen Kindern nicht, der »schwarze Mann« würde sie holen, sondern – die Katze! Weil Katzen nachts gut sehen können, behauptet der chinesische Aberglaube, sie seien in der Lage, Geister zu sehen. Und weiße Katzen, sagen sie, soll man auf keinen Fall halten, denn sie steigen nachts aufs Dach, stehlen die Mondstrahlen und verwandeln sich in böse Geister. Hier hat sich der Respekt vor dem gewandten Nachtjäger in Furcht verwandelt und zur negativen Projektion geführt. Anders in Ägypten; dort wird die Katze als Symbol der Weisheit verehrt.

Natürlich können Sie Kindern je nach Alter auch andere der hier vorgestellten Bewegungsübungen anbieten, wie etwa die Übungen zum Tagesbeginn, die Knieübungen usw. Auch das Innere Lächeln und Übungen mit Imagination fallen älteren Kindern leicht. Vergessen Sie nicht: Kinder »denken« vor allem in Bildern. Deshalb sollte die Einführung in die Übungen stets so bildhaft wie möglich sein.

Übungen für die Partnerschaft

Sexuelle Energie

Fragen Sie einmal sich selbst und vertraute Freunde, was das Geheimnis einer guten Ehe oder einer freien Form einer dauerhaften Liebesbeziehung ist. Die Antwort wird vermutlich sein: »Wenn die sexuelle Beziehung in Ordnung ist. Wenn in dieser Hinsicht ›die Chemie stimmt‹, klappt auch alles andere.« Man müßte eigentlich sagen: Wenn »die Alchemie stimmt«, denn in der Alchemie ging es, im Westen wie im Osten, stets um subtile Energie. Sexuelle Energie ist grundlegende vitale Energie und verfügt über die gewaltige Kraft des Lebens, die sich überall durchsetzt, selbst unter den lebensfeindlichsten Bedingungen. Baumwurzeln sprengen Felsen, Pflanzen und Tiere überleben in der Wüste, Insekten mutieren, um sich Giften anzupassen.

Die wesentliche Eigenschaft aller Energie, sei sie grob oder subtil, ist Bewegung. Die bewegende Kraft der Sexualität ist zur Genüge bekannt. Sie bewegt den Menschen so heftig, daß alle Kulturen Mittel und Wege suchten und fanden, sie einzudämmen und in sozial passable Bahnen zu leiten. Im Eifer des Eindämmens konnte es geschehen, daß diese natürliche Energie verteufelt wurde, daß man ihr ein negatives Etikett verpaßte und sie mit Schuld besetzte. Das ist insbesondere das traurige Erbe des christlichen Abendlands. Die »sexuelle Revolution« hat keine Veränderung zum Besseren gebracht. Statt dessen wurde das eine Extrem, die Unterdrückung, durch das andere Extrem, die ausgelebte primitive Gier, ersetzt. Doch wie das bei Extremen nun einmal ist – das eine ist immer die Kehrseite des anderen; sie liegen so nah zusammen wie die zwei Seiten einer Münze. Der Geist der Unterdrückung wurde durch das entgegengesetzte Extrem nicht ausgemerzt. Die Harmonie ist fern.

In Kulturen, in denen die Energiearbeit gepflegt wurde, nahm man der sexuellen Energie gegenüber einen anderen Standpunkt ein. Im Hinduismus sind *Yoni-Lingam* (weibliches und männliches Geschlechtsorgan in Verbindung) das zentrale Symbol der Ganzheit. Im tibetischen Buddhismus ist *Yab-Yum*, Vater-Mutter-Buddha – eine männliche und eine weibliche Buddha-Figur in sexueller Umarmung –, das sakrale Bild der Einheit in der Vielheit der Erscheinungen und der spirituellen Verwirklichung. Diese Symbolik hat auch die Kunst gewaltig inspiriert.

Die sexuelle Energie ist diejenige subtile Energie, die am stärksten mit dem Körper – den Sinnen – verbunden ist. Deshalb kann es leicht geschehen, daß sie sozusagen am Körper hängenbleibt und von den übrigen Aspekten des Menschseins getrennt ist. Das ist dann die Sexualität der Tierebene, Trieb, genitale Sexualität ohne die Beteiligung des Herzens. In diesem Fall ist der Partner lediglich ein »obskures Objekt der Begierde«. Hörigkeit, sexuelle Machtausübung und Perversionen aller Art sind dabei extrem krankhafte Symptome einer vom Herzen abgetrennten sexuellen Energie. Wenn sich die sexuelle Triebenergie mit Emotionen verbindet, ist dies die Ebene der leidenschaftlichen Liebe mit ihrem gesamten Spektrum von Himmel und Hölle, Glück und Unglück, Hoffnung und Furcht. Das ist die Sexualität der menschlichen Ebene, auf der Projektionen – nach außen projizierte Bilder des Unbewußten – eine große Rolle spielen.

Schließlich gibt es eine noch subtilere Ebene, auf der Trieb und Gefühl mit der Energie des überindividuellen oder »göttlichen« Geistes verbunden sind, was sich als Weisheit/Mitgefühl äußert. Das ist die spirituelle Ebene, diejenige Ebene, auf der »Verwirklichung« oder »Erleuchtung« möglich ist. Die alten Griechen sprachen von »Sexus, Eros und Agape« und faßten so von ihrem Standpunkt aus dieses dreifache Prinzip zusammen.

Männliche und weibliche Sexualität

Männer und Frauen sind verschieden – jedenfalls physisch; aber sind sie auch psychisch verschieden? Die Meinungen hierüber sind in unserer Kultur geteilt. Für Sigmund Freud zum Beispiel waren Frauen die großen Unbekannten, und er konnte nur hilflos fragen: »Was will das Weib?« Wie ihm geht es auch heute noch so manchem Mann. Das erzeugt Ambivalenz, eine unerquickliche Mischung von Angezogensein und Abwehr. Vom Blickwinkel des Mannes aus heißt es dann: »Halb zog sie ihn, halb sank er hin«; und ganz allgemein sprechen Männer gern davon, von einer Frau »eingefangen« worden zu sein.

Frauen tendieren eher dazu, weniger das Trennende als das Gemeinsame sehen zu wollen. Wenn die Realität zu wenig Gemeinsames anbietet, das heißt, wenn der Mann in seiner Ambivalenz gefangen ist, halten sie – zumindest am Anfang einer Liebesbeziehung – an ihrer Wunschvorstellung fest und schauen durch die rosarote Brille. Deshalb leiden Frauen häufiger unter Ent-Täuschung.

Die Art und Weise, wie sich die sexuelle Energie manifestiert, ist sehr unterschiedlich. Sie hat mit dem Überwiegen der weiblichen oder männlichen Energie in Mann und Frau zu tun, was sowohl vom Geschlecht als auch von kulturellen Normen und der entsprechenden Art der Erziehung abhängt und schließlich auch noch von der persönlichen Struktur eines Menschen.

Sexuelle Beziehungen werden meistens so gelebt, daß der Mann sich einseitig mit der männlichen Seite der Energie identifiziert und die Frau einseitig mit der weiblichen Seite. Die jeweils andere Energieseite wird dabei nicht oder wenig entwickelt, und die Persönlichkeit kann sich nicht entfalten.

In den zumeist vorherrschend patriarchalischen Kulturen der vergangenen zwei- bis dreitausend Jahre wurde die männliche Energie als die bessere, überlegene und führende betrachtet, die weibliche als die schlechtere und unterlegene. Gemäß ihrer Identifikation hielten sich beide Geschlechter an dieses Selbstverständnis. Männer galten somit als die besseren und höheren Menschen und verstanden sich unbesehen als solche. Die Frauen akzeptierten ihrerseits die ihnen zugeteilte Rolle des minderwertigen und abhängigen Geschlechts, da diese als von Gott oder der Natur oder von welcher übergeordneten Instanz auch immer verordnet deklariert wurde.

Solange eine Kultur diese Rollenverteilung als allgemeingültige Norm bestätigt und jeder sie als absolutes Gesetz akzeptiert, kann man schlecht und recht damit leben, auch wenn in diesem Fall die Entwicklung der natürlichen potentiellen Fähigkeiten eines Menschen – Mann wie Frau – zu Geistesklarheit und tiefem Mitgefühl wenig Chancen hat.

Wird diese Norm jedoch in Frage gestellt, wie es heute in den modernen Industrienationen der Fall ist, werden Fremdheit und Unverständnis zwischen den Partnern offenkundig und im schlimmsten Fall zum Glaubenssatz erhoben. Doch nützt es auch nichts, wenn die Norm umgedreht wird und Frauen versuchen, die männliche Art nachzuahmen oder Männer die weibliche. Da bereits das Nachgeahmte in sich nicht in Ordnung ist, wird der Konflikt durch das Vertauschen der Rollen noch schlimmer; dann lebt jeder und jede gründlich gegen sich selbst.

Das Problem liegt also grundsätzlich darin, daß der jeweils andere Energieaspekt in der eigenen Person nicht entwickelt werden kann, weil bei beiden Geschlechtern die Grundlage einer gesunden weiblichen Energie fehlt. Dieses Ungleichgewicht ist natürlich nicht zuträglich. Ein Leben lang ist man auf der Suche nach der »anderen Hälfte«, die immer das große

Glück zu versprechen scheint und es nie halten kann; und das ist noch das geringste Übel dieser Einseitigkeit.

Sexuelle Kultur

Wir haben keine sexuelle Kultur. Wir haben keine ästhetische, geschweige denn poetische Sprache für sexuelle Organe, sexuelle Handlungen und sexuelle Erfahrungen. Sexualität in unserer Kultur hat keine Schönheit, keine Würde. Es gibt keine Erziehung zu angemessenem Sexualverhalten. Im alltäglichen Gebrauch wird Sexualität, auch wenn von »Liebe« die Rede ist, weit eher mit Macht assoziiert als mit Herzenswärme.
Relativ wenige Paare sind in der glücklichen Lage, über lange Zeit hin eine erotisch befriedigende Beziehung zu erleben. Sex ohne Herz, Lust ohne Liebe werden schnell langweilig, und der Versuch der Reizerhöhung durch Perversion ist ein Spiel, bei dem man nur verlieren kann. Anstatt daß eine Entwicklung stattfindet – wie etwa, wenn man eine fremde Sprache erlernt, in der man durch ständigen Umgang immer geschickter wird –, pflegen sexuelle Beziehungen durch Dauer nicht zu gewinnen.
In den Traditionen Asiens wird der Verzicht des Mannes auf Ejakulation propagiert, vor allem mit dem Argument, daß auf diese Weise vitale Energie bewahrt wird. Es gibt hier jedoch auch eine wichtige psychologische Komponente. Die Identifikation von Orgasmus und Ejakulation und die »Orgasmusfixierung« reduziert den sexuellen Akt zu einer Art Masturbation zu zweit. Wird hingegen von vornherein diese Zielsetzung außer Kraft gesetzt, kann der Mann dem Prozeß der liebevollen Begegnung viel mehr Aufmerksamkeit widmen.

Wenn wir anfangen, uns selbst sexuell zu erziehen, ist es als erstes nötig, eine aufrichtige Bestandsaufnahme vorzunehmen. Machen Sie eine Zäsur. Bitten Sie Ihren Partner oder Ihre Partnerin um Verständnis dafür, daß Sie sich erst einmal zurückziehen müssen, um Klarheit zu bekommen, aber beziehen Sie ihn oder sie auch ein in den inneren Prozeß, den Sie einleiten. Versuchen Sie, eine neue Ausgangssituation zu schaffen. Begreifen Sie den sexuellen Akt als Kommunikation, als ein zutiefst verbindendes Fest des Fühlens, als Überschreiten der Grenzen, als sakrale Handlung. Und aktivieren Sie Ihre weibliche Energie, wie auf den nächsten Seiten beschrieben.

Weibliche und männliche Energie

Wenn wir die Sexualität kultivieren und die sexuelle Energie harmonisieren wollen, müssen wir uns zunächst mit den Prinzipien der männlichen und weiblichen Energie befassen. Auf der Ebene der Energiearbeit bezieht sich »männlich« und »weiblich« jedoch auf die Situation beider Energien im Individuum, denn jedes Individuum hat eine weibliche und eine männliche Seite der subtilen Energie. In der tibetischen Tradition bezeichnet man diese beiden Energien als Vater *(Yab)* und Mutter *(Yum)*. In dem Begriff *Yab-Yum* steht das Vater-Prinzip an erster Stelle, obwohl in der Theorie die weibliche Energie vor der männlichen steht. Das hat damit zu tun, daß die männliche Energie die gröbere und damit der materiellen Welt näher steht. Der Blickwinkel geht hier von der normalen Wahrnehmung aus.

Schauen wir uns die jeweilige »Ladung« der beiden Energien an:

Weibliche Energie – empfangend, nach innen gerichtet; vereinend; Gefühl, Intuition; Bewahren, Hegen und Pflegen.

Männliche Energie – aktiv, nach außen gerichtet; Grenzen setzend; Machen, Macht; Intellekt; Erobern, Erneuern.

Beide Energien können in sinnvoller, fruchtbarer Weise wirken, doch manchmal können sie auch zerstörerisch sein. Sind sie stark und stehen miteinander in Verbindung, wirken die Energien positiv. Wird eine der beiden Energien vernachlässigt und ist schwach, so leidet auch die andere Energie darunter. Wenn Sie zum Beispiel als Mann mit Ihrer männlichen Energie stark identifiziert sind und sie überbewerten, die weibliche Energie hingegen abwerten und sich nicht um deren Entwicklung bemühen, ist auch die männliche Energie nicht gesund und in Ordnung. Nur wenn beide Energien gesund sind und einander ergänzen, können wir souveräne, ausgeglichene Menschen sein.

Es ist kein Problem, wenn eine der beiden Energien dominant ist, solange beide stark und gesund und miteinander verbunden sind. Dabei spielt es keine Rolle, ob es sich um eine Frau oder einen Mann handelt. Eine Frau mit gesunden Energien kann mit einer dominanten intellektuellen oder tatkräftigen – also männlichen – Energie gut umgehen, ebenso wie ein Mann mit einer dominanten ruhenden oder fürsorglichen – also weiblichen – Energie völlig zufrieden sein mag.

Kennen Sie zum Beispiel einen Menschen, dessen Gegenwart Sie beruhigt und bei dem Sie sich besonders geborgen fühlen? Dann haben Sie eine Person mit stark ausgeprägter weiblicher Energie vor sich. Wenn hingegen jemand sehr aufmunternd und anregend auf seine Umgebung wirkt, ist es die dominante männliche Energie, die sich zeigt.

Die Mutter-Energie (ruhend) tritt als Weisheit in Erscheinung, und das Handeln, durch das sich die Weisheit manifestiert, ist die Vater-Energie (aktiv). Kommt die Weisheit zu kurz, ist das Handeln dementsprechend unklug oder kurzsichtig. Man kann sich die weibliche Energie als den Boden vorstellen, aus dem die Pflanze wächst. Als erstes muß der Boden da sein, und es muß ein gesunder Boden sein, damit etwas darauf gedeihen kann. So offenbart sich die Mutter-Energie als Motivation, und die Vaterenergie entfaltet sich in der Form des Handelns. Ist die Motivation klar und gesund, erwächst daraus ein sinnvolles Handeln. Ist die Motivation verwirrt, verdunkelt, negativ, kann daraus kein positives Handeln entspringen.

Eine Partnerschaft ist um so befriedigender, je harmonischer die gesunden weiblichen und männlichen Energien in beiden Partnern zusammenspielen. In einem bekannten Werk der mittelalterlichen Alchemie, dem *Rosarium Philosophorum*, gibt es eine vielsagende symbolische Illustration. König und Königin stehen einander gegenüber und reichen sich jeweils die linke Hand. In der rechten Hand halten beide je eine langstielige Blume, die sich überkreuzen. Eine dritte Blume, die den Kreuzungspunkt der beiden anderen ebenfalls überkreuzt, wird von oben herabgereicht; die Taube des Heiligen Geistes hält sie im Schnabel. Über dieser Taube schwebt der Stern, der die vollkommene Einheit und Weisheit symbolisiert.

Die Chakren

Im allgemeinen sagen wir: Ich denke mit dem Kopf. Wenn es jedoch um eine Handlung geht, die wir rational nicht belegen können, gibt es den Ausspruch: Das kam aus dem Bauch. Auf der Ebene des Denkens beziehen wir uns auf den Kopf, auf der Ebene des Erspürens und Erfühlens eher auf den Unterleib. Dies entspricht den traditionellen Modellen der Energiearbeit. Die Zentren (Chakren) der weiblichen Energie liegen im unteren Körperbereich, die der männlichen Energie im oberhalb des Herzens liegenden Körperbereich, vor allem im Kopf.
Die Begriffe »kopflastig« oder »verkopft« entsprechen einer Tatsache im Bereich der subtilen Energie: Wir haben tatsächlich die Neigung, unsere subtile Energie nach oben zu treiben und oben festzuhalten. So werden nur die männlichen Zentren (Kehl- und Stirnzentrum) aktiviert, während die weiblichen Zentren im Unterbauch und im Bereich des Herzens brachliegen. Dann fühlen wir uns oben aufgebläht und unten schwach, wie eine umgekehrte Birne. Gleichzeitig sind wir von der Ebene des Fühlens abgeschnitten – ein zutiefst unbefriedigender Zustand.
Es geht also darum, zuerst die weibliche Energie zu kräftigen,

dann hat die männliche Energie einen guten Nährboden. Der weiblichen Energie wohnt die Funktion inne zu verbinden; die männliche Energie dagegen unterscheidet. Um den Kontakt zwischen den beiden Energien zu sichern, ist es wichtig, daß die weibliche Energie stark genug ist.

Übung
Die weibliche Energie aktivieren

Setzen Sie sich aufrecht auf einen Stuhl oder, wenn Ihnen das leichtfällt, auf ein Sitzkissen. Legen Sie die Hände locker auf die Oberschenkel oder im Schoß ineinander. Schließen Sie die Augen.
Gehen Sie mit der Wahrnehmung in Ihren Körper – in Hände, Füße und Kopf, in Arme und Beine, in Brust und Bauch –, und entspannen Sie sich, indem Sie fühlen, anstatt zu denken.
Im Bauch halten Sie inne und verbinden sich mit dem Atem. Sie spüren die Dehnung des Bauches beim Einatmen und sein Zusammenziehen beim Ausatmen. Bleiben Sie ein paar Minuten lang mit dem Atem verbunden.
Nachdem Sie auf diese Weise Beziehung mit dem Bauchbereich aufgenommen haben, richten Sie die Aufmerksamkeit auf das Nabelzentrum unterhalb des Bauchnabels, das Sie bei früheren Übungen schon kennengelernt haben. Bleiben Sie mit der Wahrnehmung dort, und lassen Sie die Gefühle und Bilder aufsteigen, die sich anbieten, ohne sie zu bewerten. Es kann sich zum Beispiel ein Gefühl der Geborgenheit einstellen, begleitet vom Bild einer schützenden Höhle; es kann aber auch ein bedrohliches Gefühl der Bodenlosigkeit und des Fallens sein, als fielen Sie in einen dunklen Schacht. Was auch immer sich einstellt – lassen Sie es unbewertet wieder gehen. Geben Sie den Gefühlen und Bildern den Raum, in

Erscheinung zu treten, und lassen Sie sie vorüberziehen wie Wolken am Himmel. Wird das Gefühl jedoch zu unangenehm und setzt es sich fest, öffnen Sie einfach die Augen.
In diesem Fall haben Sie einen deutlichen Hinweis erhalten, daß Sie zu wenig Verbindung mit der weiblichen Energie haben. Dann kehren Sie zum Atem zurück und begnügen sich damit, sich mit der Bauchatmung zu verbinden. Je mehr Sie lernen, sich zu entspannen, desto zugänglicher wird für Sie die weibliche Energie.
Wenn es Ihnen gelingt, sich mit dem Nabelzentrum zu verbinden und sich im Bauchraum niederzulassen, ähnelt das innere Bild Ihres Körpers einer Birne – unten breit und schwer und sich nach oben verjüngend. Unten herrscht warme, dunkle Geborgenheit, und im Bereich des Kopfes haben Sie ein Gefühl von Leichtigkeit und Helligkeit.

Diese Übung schließen Sie am besten an eine ausführliche Entspannungsübung an. Nach einiger Zeit wird es Ihnen ohne Schwierigkeiten gelingen, sich auf Abruf mit dem Nabelzentrum zu verbinden. Dann können Sie mit dieser Fähigkeit die Situation entspannen, wenn Sie z. B. bemerken, daß Sie in der Beziehung zu Ihrem Partner oder Ihrer Partnerin unruhig, gereizt oder kalt sind. Natürlich gilt das auch für jede andere Beziehung.

Übung
Die Energie des Herzens wecken

Das Herzzentrum ist mit der weiblichen Energie verbunden und liegt zwischen den Zentren der weiblichen und der männlichen Energie. Werden die beiden Energien in Harmonie miteinander gebracht, so können sie einander im Herzzentrum berühren. Der Prozeß der Harmonisierung kann daher sehr gut durch Übungen mit der Herzenergie unterstützt werden.

Sitzen Sie aufrecht, schließen Sie die Augen, und gehen Sie wie immer aufmerksam durch die Stationen der Vorbereitung: Spüren der Sitzhaltung, Wahrnehmen der Würde und Souveränität, die in dieser Haltung liegt; Verbindung mit dem Atem, vor allem im Unterbauch; die drei vorbereitenden Übungen – Öffnen des Raums zwischen den Brauen, ins Universum hinauslauschen und lächeln.

Stellen Sie sich dann Ihr Herzzentrum als eine strahlende Lichtquelle vor. Es ist reine geistige Energie, unberührt von individuellem Geist; Sie können sie auch »göttliche« Energie nennen. Zuerst ist es vielleicht nur eine ganz kleine Sphäre in der Brustmitte, wie eine Kerzenflamme. Wenn Sie sich mehr und mehr entspannen, breitet sich diese Sphäre aus. Stellen Sie sich vor, daß Sie ihr Raum geben, daß Sie Ihre Grenzen ausweiten, bis Sie keine Körpergrenzen mehr empfinden.

Nehmen Sie wahr, wie sich Ihr Gefühl verändert. Bleiben Sie einfach mit dem strahlenden Herzbereich verbunden, und fühlen Sie die Veränderung. Entspannen Sie sich mindestens zehn oder fünfzehn Minuten lang in diesem Energielicht. Kommentare, die Ihr Denken produziert, lassen Sie vorbeiziehen. Sie sind nicht wichtig. Das Gefühl ist wichtig. Da niemand von Ihnen verlangt, es zu beschreiben, können Sie darauf verzichten. Es darf einfach so sein, wie es ist.

Zum Abschluß wenden Sie Ihre Aufmerksamkeit wieder dem Körper und dem Atem zu. Spüren Sie Ihre Haltung, die Bewegung Ihres Atems im Bauch, und nehmen Sie Verbindung mit dem weiblichen Zentrum im Unterbauch auf. Es ist an derselben Stelle zu lokalisieren wie der Speicher der vitalen Energie und steht auch in Verbindung damit. Doch da wir es hier mit einer anderen, subtileren Ebene der Energie zu tun haben, kann man sie nicht identisch nennen.

Aktivieren Sie auf diese Weise die Herzenergie, werden Sie bald bemerken, daß sich Ihr Zugang zu den Qualitäten Zuneigung, Akzeptanz, Toleranz, Einfühlungsvermögen und liebevolle Geduld verbessert. Es geht auch umgekehrt: Indem man sich auf diese Qualitäten konzentriert und sie in sich wachzurufen versucht, wird auch die Herzenergie aktiviert. Doch das letztere Vorgehen ist bei weitem weniger wirkungsvoll. Der Wunsch allein, liebevoll und mitfühlend zu sein, reicht im allgemeinen nicht aus, diese Energie tatsächlich anzuregen. Oder zumindest dauert es lange, bis man eingefahrene psychische Gewohnheitsmuster, die viel mehr auf das »Ich, Mein, Mir, Mich« gerichtet sind, verlassen kann. Auf der Energieebene ist der Zugang bei weitem leichter.

Die Energie des Herzens aussenden

Wenn Sie die Herzenergie geweckt haben, können Sie sie vielfältig einsetzen, vor allem in der Partnerschaft. In jeder Partnerschaft gibt es Spannungen, Mißverständnisse, Auseinandersetzungen; das ist unvermeidlich. Vermeidbar ist jedoch, daß sich negative Energie ausbreitet und festsetzt. Gesetzt den Fall, Ihr Partner oder Ihre Partnerin war schlechter Laune und hat Sie unfreundlich behandelt. Dementsprechend sind Sie verletzt, verärgert und nun ebenfalls schlechter Laune. Sie sind vermutlich der Meinung, daß der Partner Sie zum Opfer seiner schlechten Laune gemacht und Ihnen seine negative Energie übergestülpt hat.

Als erstes sollten Sie sich klarmachen, daß Sie nicht an der negativen Energie des Partners leiden, sondern daß seine negative Energie lediglich Ihre negative Energie aktiviert hat. Sie leiden also an Ihrer eigenen negativen Energie. Demnach können Sie die Verantwortung für Ihren eigenen Zustand übernehmen und die negative Energie reinigen. Das geschieht dadurch, daß Sie Ihre Herzenergie wecken.

Dann können Sie noch einen Schritt weitergehen und die Verantwortung für die gesamte Situation übernehmen – das bedeutet, auch für den Partner. Nachdem Sie die Herzenergie wie beschrieben geweckt haben, stellen Sie sich vor, daß Sie diese liebevolle Energie Ihrem Partner schicken, daß sein Herzzentrum zu leuchten beginnt und ihn völlig mit Energielicht erfüllt.

Sie werden feststellen, daß sich die Situation auf diese Weise schnell entspannt. Versuchen wir hingegen, ein Problem mit dem Partner auf der verbalen Ebene zu klären, beginnen wir damit zumeist in einer Atmosphäre negativ geladener Energie. Wir können das sogar körperlich spüren: Diverse Muskeln sind stark angespannt, vor allem im Bereich der Schultern, das Herz schlägt schneller als gewöhnlich, der Atemrhythmus ist beschleunigt, Schweiß bricht aus, die Hände zittern, die Stimme ist gepreßt usw. Natürlich ist das kein guter Ausgangspunkt für ein klärendes Gespräch. Wenn Sie feststellen, daß Sie dieserart »geladen« sind, sollten Sie erst einmal ein wenig Zeit vergehen lassen. Als erste Maßnahme lenken Sie sich am besten ab und hindern so die Gedanken daran, in der negativen Geschichte herumzuwühlen und den Ärger oder die Verletztheit weiter zu nähren. Sobald Sie ruhiger geworden sind, setzen Sie sich hin und üben zuerst die »Birne«, gehen dann zum »Wecken der Herzenergie« über und senden schließlich in Ihrer Vorstellung die Herzenergie dem Partner.

Möglicherweise präsentiert das innere Bild Ihren negativen Zustand derart, daß Sie sich innerlich als dunkel und dicht empfinden. Geben Sie nicht auf, selbst dann nicht, wenn sich überhaupt kein inneres Bild einstellt. Nehmen Sie in diesem Fall das Innere Lächeln zu Hilfe. Denken Sie daran, daß die Sonne auch dann scheint, wenn sie hinter Wolken verborgen ist. Die Energiearbeit ist wie ein Flugzeug, das die Wolkendecke durchstößt.

Auch das Bild des Partners kann so erscheinen, als sei sein oder ihr Inneres verdunkelt und kompakt. Ob Sie nun in Ihrem eigenen Bild Licht entstehen lassen oder in dem Bild, das Sie vom Partner haben, macht keinen Unterschied. Machen Sie sich klar, daß solche inneren Bilder ebenso relativ sind wie unsere Gedanken und Gefühle. Es sind einfach nur dunkle Wolken vor der Sonne.

»Die Energie des Herzens aussenden« ist eine Übung, die sich natürlich auf alle Ihre Beziehungen erstrecken soll. Wann immer negative Situationen auftreten, können Sie die Instanz sein, die Verantwortung für die Situation übernimmt. Was auf der psychologischen Ebene recht schwierig ist, fällt auf der Energieebene viel leichter, denn hier ist die Abgrenzung zwischen »Ich« und »Andere« aufgelockert.

Übung
Sexuelle Energie veredeln

Die vorhergehende Übung »Die Energie des Herzens wecken« ist die Voraussetzung für die folgende Übung.

Wenn Sie mit Ihrem Partner/Ihrer Partnerin intim zusammen sind, richten Sie einen Teil Ihrer Aufmerksamkeit auf das Herzzentrum. Nehmen Sie die andere Person mit dem Herzen wahr. Wenn die sexuelle Energie angeregt ist, wird ein Teil dieser Energie vom Herzzentrum angezogen. Dadurch verwandelt sich die sexuelle Energie in eine subtilere Energieform und reichert die Energie des Herzens an.

Die Wirkung zeigt sich in Form vertiefter Zuneigung, Zärtlichkeit, Offenheit, Rücksicht und mitfühlender Empathie.

Zudem erhält der Orgasmus eine höhere, umfassendere Qualität und ist deshalb viel befriedigender.

Wenn Sie zu jenen Menschen gehören, die ganz selbstverständlich mit dem Herzen lieben und die genitale Sensation nur als einen von mehreren Aspekten des Liebesakts empfinden, haben Sie die beschriebene Wirkung wahrscheinlich bis zu einem gewissen Grad schon erlebt. Durch die Übung der zusätzlichen Aktivierung des Herzzentrums wird diese Wirkung jedoch noch beträchtlich verstärkt. Nach oben gibt es keine Grenzen.

Um die sexuelle Energie in eine harmonische Verbindung mit allen Ebenen der subtilen Energie zu bringen, braucht man nicht unbedingt einen äußeren Partner. In den spirituellen Traditionen Asiens wurden beide Formen gelehrt – mit Partner und ohne Partner. Zum Beispiel schloß der klösterliche Weg im Buddhismus und im Taoismus die sexuelle Aktivität aus. Das hatte nichts mit Verteufelung der Sexualität zu tun; er galt einfach als der sicherere Weg.

Verfügt man aber über Mittel, um die sexuelle Energie zu verfeinern, muß man sie nicht unterdrücken. Nur wenn sie in ihrer groben Form aktiv werden will, daran jedoch gehindert wird, kann das zu psychologischen Problemen oder zu einer Blockierung der vitalen Energien führen.

Eine der zentralen Methoden zur Verfeinerung der sexuellen Energie ist die Liebesmystik, wie sie zum Beispiel im Sufismus kultiviert wurde. Rumi, der große Poet des Sufismus, schrieb:

Blätterregungen im Wind, Stroh, zu Bernstein hingezogen,
alle Teile der Welt sind verliebt,
aber sie verraten ihre Geheimnisse nicht;
Kühe, die auf einem Altartisch grasen,
Ameisen, die in Salomos Ohr

flüstern, Berge, die ein Echo murmeln;
Himmel, friedlich-still.
Wäre die Sonne nicht verliebt,
dann hätte sie keine Helligkeit,
der Hang des Hügels keine Grasdecke.
Der Ozean würde allmählich irgendwo zur Ruhe kommen.
Sei ein Liebender wie sie,
damit du allmählich deinen Geliebten erkennst.
Sei treu, damit du vielleicht die Treue kennenlernst.
Die übrigen Teile des Universums nahmen nicht
die nächste Verantwortung der Liebe auf sich,
wie du dies vermagst.
Sie hatten Angst, sie könnten einen Fehler begehen
mit ihr – der erleuchteten Kenntnis,
die dem Verliebtsein entspringt.

Rumi setzt Lebensenergie mit Liebe gleich – und in ihrer verfeinerten Form ist sie das wohl auch.

Wenn wir sagen: »Ich liebe meinen Partner«, so hängt daran oft ein ausgesprochenes oder unausgesprochenes »Aber ...«. Die Herzenergie hilft, diese Einschränkung auszulöschen. Das bedeutet nicht, daß man blind für die Fehler des anderen wird und einer positiven Projektion in die Falle geht. Vielmehr bedeutet es, daß wir auch Raum für Fehler geben können – uns selbst und anderen.

Ein japanischer Zen-Meister beschrieb einmal die Zen-Meisterschaft mit den Worten: »Fehler über Fehler«. Damit ist ausgesagt, daß auch der Meister Fehler hat, ja, daß er mehr Fehler an sich entdeckt, als ein gewöhnlicher Mensch sich selbst zuzugestehen bereit wäre, und daß diese Fehler sein kostbares Arbeitsmaterial sind. Wie sollte man ohne Fehler lernen können?

Störungen der sexuellen Energie

Vielleicht fragen Sie sich, warum noch nicht die Rede von Impotenz und Frigidität war, vor allem von ersterer, die zu den schlimmsten Horrorvisionen des Mannes zählt. Das hat seinen guten Grund. Jede Störung im sexuellen Bereich, die sich nicht eindeutig auf organische Ursachen zurückführen läßt – und dies ist sehr selten der Fall –, sollte man von der Harmonisierung der weiblichen und der männlichen Energie her angehen. In Fällen, in denen die Sexualität durch eine neurotische Fehlentwicklung ernsthaft blockiert wurde, ist eine psychotherapeutische Behandlung unumgänglich. Doch vielleicht fühlen Sie sich – als Mann – einfach zu sehr gefordert, von anderen Dingen okkupiert. Dann müssen Sie sich natürlich fragen, ob Sie nicht Ihre Seele an die Karriere verkauft haben. Möglicherweise sind Sie auch allzu abhängig geworden von der Selbstbestätigung, die Ihnen die Potenz verschaffen muß, und der Körper verweigert Ihnen diesen Sklavendienst und möchte Sie auf diese Weise auffordern, sich um die Harmonie von Körper und Geist zu bemühen.
Vielleicht haben Sie – als Frau – das Gefühl, daß Sex als Kompensation für mangelnde Kommunikation herhalten muß und Sie deshalb »frigide« (kalt) sind, oder Sie fühlen sich »in die Pflicht genommen« und in Ihren Bedürfnissen übergangen. Vielleicht setzen Sie in Ihrer Verzweiflung Sex ein, um gute Stimmung zu machen und den Partner zu halten, und geraten immer tiefer in Frustration, je länger Sie Erregung spielen, wo keine ist.
Impotenz und Frigidität sind deutliche Hinweise, daß die Beziehung zum Partner und die Beziehung Ihrer eigenen weiblichen und männlichen Energien zueinander nicht in

Ordnung sind. Oft kann allein schon das Erlernen einer guten Entspannung von Körper und Geist diese äußere Manifestation des Problems lösen und eine angemessene Ausgangssituation für die Verfeinerung der sexuellen Kultur in der Beziehung schaffen.

Vitale Energie anreichern

Bei den alten Chinesen spielte das »Bewahren der Energie« durch Zurückhalten des Samens und das Anreichern der Vitalität durch Manipulation der sexuellen Energie eine große Rolle. Allzu häufiger Samenerguß schwächt die vitale Energie. Ein Zuviel an sexueller Aktivität weist auf ein Ungleichgewicht der weiblichen und männlichen Energie hin.
Wer das Gefühl schwacher sexueller Energie hat, leidet unter einem Mangel an Vitalität. Die vitale Energie drückt sich auf der sexuellen Ebene ganz unmittelbar aus. Demnach wird alles, was unsere Gesundheit und unser Wohlbefinden steigert, naturgemäß auch der sexuellen Ebene zugute kommen.
Atem und Ernährung sind unsere alltäglichen Energielieferanten, und genügend frische Luft und eine ausgewogene Ernährung sorgen für ein gewisses Maß an vitaler Energie. Aber dies reicht nicht immer aus, zumal dann nicht, wenn die Luft verschmutzt ist und die Lebensmittel durch Verarbeitung, zu frühes Ernten, Lagerung und chemische Zusätze minderwertig geworden sind.
Wenn man also die vitale Energie anreichern will, um eine sexuelle Schwäche zu beheben, unterstützt man auf diese Weise die gesamte Gesundheit und das allgemeine Wohlbefinden. Energiearbeit wirkt immer in die Breite, nicht nur im Hinblick auf bestimmte Symptome. Ein japanischer Spruch sagt: »Wenn man an der Mitte zieht, kommt alles andere von selbst mit.«

Übung
Energieatmung

Sitzen Sie aufgerichtet und entspannt, schließen Sie die Augen, und verbinden Sie sich mit dem Atem im Bauch.
Öffnen Sie den Raum zwischen den Augenbrauen. Lauschen Sie ins Universum hinaus. Lächeln Sie.
Stellen Sie sich nun das Universum als einen unendlichen Raum voller reiner, subtiler Energie vor, hell, strahlend, unerschöpflich.
Sie wissen wahrscheinlich, daß auch unsere Haut atmet. Verbinden Sie sich mit Ihrer atmenden Haut. Stellen Sie sich vor, wie jede einzelne Pore sich in Verbindung mit Ihrem Einatem ebenfalls einatmend öffnet und reine Energie aus dem Universum aufnimmt. Mit dem Ausatem verbinden Sie die Vorstellung, daß Sie »schlechte« Energie – Energie, die mit negativen Informationen geladen ist – ausatmen. Die eingeatmete Energie sammelt sich im Energiespeicher im Unterbauch. Die ausgeatmete Energie wird an das Universum zurückgegeben. Aus Ihrem individuellen System entlassen, reinigt sie sich von selbst.
Diesen Vorgang können Sie durch eine bestimmte Art des Atmens unterstützen, die man »Gegenbauchatmung« nennt. Bauchatmung bedeutet, daß sich der Bauch beim Einatmen ausdehnt und beim Ausatmen zusammenzieht. Die Gegenbauchatmung verläuft umgekehrt. Beim Einatmen zieht sich der Bauch zurück, und zugleich spannen Sie die Muskulatur der Körperöffnungen an; das nennt man »den Dammpunkt hochziehen«. Beim Ausatmen lassen Sie die Bauchdecke und die Muskeln des Beckenbodens wieder los. Dieses Nachinnenziehen verstärkt die Vorstellung, Energie durch die Haut einzuatmen.

Achten Sie darauf, daß die Vorstellung und Ihr Körpergefühl deckungsgleich sind. Wenn Sie ein inneres Bild außerhalb Ihrer selbst erzeugen, kann die Übung nicht wirken. Es ist sehr wichtig, daß Sie sich zugleich deutlich spüren.

Bleiben Sie ein paar Minuten lang bei dieser Übung, und schließen Sie dann damit ab, daß Sie Ihre Aufmerksamkeit auf den Energiespeicher im Unterbauch richten und die Energie darin sammeln. Sie kreist in einer Spirale im Uhrzeigersinn in den Speicher und verdichtet sich dort zu einer leuchtenden Sphäre.

Sie können das Energieatmen mit der folgenden Übung verbinden, in der Sie der Energie die Möglichkeit geben, sich in Ihrem Körper frei zu verteilen.

Übung
Energie verteilen

Bleiben Sie eine Weile mit dem Energiespeicher und dem Gefühl der Fülle darin verbunden.

Gehen Sie dann dazu über, den gesamten Körper zu spüren. Stellen Sie sich vor, daß die Energie aus dem Speicher ausströmt und sich im Körper verteilt. Die Energie weiß, was sie zu tun hat. Wo sich Energie gestaut hat, kommt sie wieder ins Fließen; wo zu wenig ist, wird aufgefüllt. Heilung basiert immer auf einem Ausbalancieren und harmonischen Kreisen der vitalen Energie.

Sie fragen sich vielleicht, warum diese Energie nicht von selbst tut, was nötig ist. Man kann sich das folgendermaßen vorstellen: Unsere übliche geistige Verfassung – voller gewohnheitsmäßiger gedanklicher Konzepte, Meinungen und Emotionen – bestimmt die Bewegung der Energie, das heißt blockiert sie mehr oder weniger. Wenn wir wach und aufmerksam sind, ist der Fluß der Energie viel freier, so als würden wir einen verschmutzten Filter beseitigen.

Bleiben Sie nun zehn oder zwanzig Minuten lang so gut wie möglich in diesem ruhigen und zugleich wachen Zustand, und geben Sie der Energie freien Raum, in dem sie sich verteilen kann. Schon bald haben Sie ein Gefühl der Belebung im gesamten Körper. Bemerken Sie, daß Ihre Gedanken davongewandert sind, kehren Sie einfach zum Bild/Gefühl des Energiespeichers im Unterbauch zurück und fangen wieder von neuem an, die Energie freizugeben.

Den Abschluß bildet wie immer die Verbindung mit dem Atem im Unterbauch.

Übungen im Krankenbett

Selbstheilung

Wenn wir krank sind, fühlen wir uns zumeist sehr hilflos. Wir sind auf die mehr oder minder große Kunst der Ärzte angewiesen und hoffen, daß diese uns so schnell wie möglich »reparieren«, daß sie die Krankheit »bekämpfen« und die unangenehmen Symptome »beseitigen«. So ist auch unsere westliche Medizin angelegt; sie trennt Mensch und Krankheit, als seien Sie zwei separate Angelegenheiten.

Vielleicht waren Sie schon einmal im Krankenhaus und haben erlebt, wie Sie vom kranken Menschen zum »Fall« wurden, vom leidenden Individuum zu einer Akte, vom eigenständigen Menschen zum verwalteten Patienten. Von diesem wird geradezu erwartet, daß er die Rolle des unselbständigen »Behandelten«, des Untertanen der allmächtigen Medizin einnimmt. Und die Mehrzahl aller Patienten verhält sich dementsprechend. Eine Gesellschaft, die sich an diese Rollenverteilung gewöhnt hat, hält diese für natürlich und stellt sie nicht in Frage. Das tun, wenn überhaupt, nur die medizinischen Dissidenten, die Anhänger alternativer Heilverfahren.

Niemand ist gezwungen, diese abhängige Einstellung zu teilen. Wir können Verantwortung für uns selbst übernehmen. Amerikanische Forschungen haben gezeigt, daß Heilung etwas ebenso Individuelles und Einmaliges ist wie Krankheit und daß sie in erster Linie von der Aktivierung des »Heilungssystems« im Körper abhängig ist. Dieses Heilungssystem beinhaltet alle nötigen Informationen, die zur Herstellung von Enzymen nötig sind, welche wiederum für die »Selbstreparatur« des Organismus sorgen. Auf einen einfachen Nenner gebracht: Eine medizinische Behandlung aktiviert das Heilungssystem, oder sie tut es nicht. Demnach wird man gesund oder nicht. Und: Die Behandlung ist etwas, das von außen kommt. Die Heilung hingegen kommt von innen.

Wenn sich unser System selbst heilt, ohne daß man es auf statistisch erwiesene Wirkungen bestimmter Medikamente zurückführen kann, dann nennt man das »Spontanheilung«. Auch diese wurde in den USA erforscht, und man stellte fest: Es geschieht immer wieder, daß schwerkranke Menschen »aus sich selbst« (lateinisch: *sponte*) heraus gesund wurden. Irgendwie hatte ihr Körper von seiner potentiellen Fähigkeit Gebrauch gemacht, sich selbst zu heilen. Die meisten solcher spontan geheilten Patienten berichteten, daß sie daran geglaubt hatten, gesund werden zu können, daß sie es zutiefst gewollt hatten und daß sie bereit waren, alles mögliche dafür zu tun – ja, sogar zu Methoden zu greifen, die sie früher abgelehnt hätten. Viele nahmen ihre Zuflucht zu Gebet und Meditation, oft in Verbindung mit alternativen Heilmethoden wie Akupunktur, Homöopathie, *Qi-Gong*-Heilung usw.

Es ist gar nicht so selten, daß jemand gesund wird, den die Ärzte »aufgegeben« haben; es fehlt nur an Statistiken, und die sind nun einmal das Credo der westlichen Medizin. Das soll natürlich nicht heißen, daß man von den sinnvollen Angeboten westlicher Medizin nicht Gebrauch machen sollte. Es wäre zum Beispiel blödsinnig, keine Antibiotika zu nehmen, wenn das körpereigene Immunsystem zu schwach ist und ernsthafte Gefahr besteht. Vielmehr geht es darum, daß wir Verbindung mit unseren selbstheilenden Energien aufnehmen, ihnen vertrauen lernen und ein waches Empfinden dafür entwickeln, was – im Sinne der Harmonie – wirklich gut für uns ist.

Vielleicht ist es zunächst gut für Sie, über psychologische Hintergründe Ihrer Krankheit nachzudenken; vielleicht jedoch sollten Sie gerade das nicht tun. Vielleicht ist es gut für Sie, die Krankheit als Geschenk der Ruhe in einem hektischen Leben anzunehmen. Vielleicht ist es wichtig, daß Sie innere

Ressourcen der Heilung aktivieren. Doch vielleicht ist es in einer speziellen Situation besser für Sie, wenn Sie sich zuerst einmal selbst in Frieden lassen und nichts anderes versuchen, als sich zu entspannen. Sie müssen es selbst herausfinden. Niemand kann Ihnen ein Patentrezept liefern.
Das modische Verpsychologisieren der Krankheit – »Warum bin ich krank? Was will mir die Krankheit sagen? Wie kann ich einen besseren Zustand erreichen?« – schießt allzuweit über ein sinnvolles Ziel hinaus. Dahinter steht als treibendes Moment eine subtile Aggression, eine Kriegserklärung an den Feind namens Krankheit. Man will sie loswerden, anstatt mit ihr Frieden zu schließen. Man verspannt sich, anstatt sich zu entspannen, und die heilende Energie wird blockiert.

Kranksein statt Krankheit

Betrachten Sie Ihren Zustand als persönliches Kranksein und nicht als unpersönliche Krankheit. Eine Krankheit, so der Sprachgebrauch, *hat* man; in einem Seinszustand hingegen *ist* man. Wenn Sie, anstatt eine Krankheit bekämpfen zu wollen (und dabei den Arzt als eine Art Kammerjäger oder Klempner zu interpretieren), es sich erlauben, krank zu sein, gewinnen Sie einen viel besseren Zugang zur Ebene der vitalen Energie, von der aus Heilung stattfindet. Kampf und Entspannung vertragen sich nicht miteinander. Nur Entspannung schafft die Basis für ein Freisetzen der Selbstheilungskräfte.
Also akzeptieren Sie als erstes die Tatsache, daß Sie krank sind. Verzichten Sie darauf, sich selbst oder der Außenwelt die »Schuld« an der Krankheit zu geben. Davon wurde noch nie jemand gesund. Es ist auch nicht nötig, auf einer logischen Ebene nach dem »Sinn« oder der »Botschaft« der Krankheit zu suchen. Die Situation als solche liefert Sinn genug: Sie sind

ruhiggestellt. Und wer Ruhe und Zeit angeboten bekommt, hat die Chance, sich darauf einzulassen. Es ist eine gute Gelegenheit, das allgewaltige Muster, ständig zurück in die Vergangenheit oder voraus in die Zukunft zu denken, zu überschreiten und sich auf die Gegenwart einzulassen. Kranksein motiviert dazu, sich auf die eigenen Möglichkeiten zu besinnen.

Damit Sie sich weit von der Gefahr entfernen, Energiearbeit als etwas zu betrachten, mit dem sich der kranke Zustand bekämpfen läßt, sollten Sie sich ganz auf Entspannung konzentrieren. Sind Sie sehr schwach, bitten Sie am besten einen nahen Menschen, Ihnen den Übungstext zu den Entspannungsübungen vorzulesen, so daß Sie dazu üben können; dann geht es leichter.

Alle beschriebenen stillen Energieübungen können Sie natürlich auch im Liegen praktizieren. Wenn Sie sich im gesunden Zustand mit einer bestimmten Übung angefreundet haben, liegt es nahe, diese Übung auch im kranken Zustand einzusetzen; denn ihrem Wesen nach sind alle Energieübungen heilend. Das Anreichern mit Energie durch die Übung »Energieatmung« (Seite 151) und das Verteilen durch die Übung »Energie verteilen« (Seite 152) unterstützen ganz grundlegend jeden Heilungsprozeß.

In der tibetischen Tradition ist man der Ansicht, daß es Krankheiten gibt, die nicht geheilt werden können. Dann geht es vor allem darum, den psychischen Zustand des Patienten zu harmonisieren. Krankheit ist, wie gesagt, eine individuelle Angelegenheit. Zwei Menschen mögen scheinbar die gleiche Krankheit haben, und doch kann das subjektive Empfinden ihres Zustandes völlig unterschiedlich sein. Unter Umständen wird für jemanden eine schwere Krankheit zum Antrieb, sich voller Eifer mit Energiearbeit und Meditation zu befassen.

Aussagen dieser Art sind von vielen Aids- und Krebspatienten bekannt.

Es gibt mehrere Ebenen des Heilens mit Energie. Man kann hier unterscheiden zwischen dem äußeren, groben Energiekörper, der mit der Natur (und damit mit dem Organismus) verbunden ist, und dem geistigen oder spirituellen Energiekörper, dessen Energie subtiler ist und der mit der überindividuellen, über die Natur hinausgehenden oder »göttlichen« Ebene verbunden ist. Es ist am besten, auf beiden Ebenen zu üben, denn sie greifen ineinander, wie Körper und Geist ineinandergreifen.

Übung
Selbstheilung mit den Händen

»Handauflegen« gilt bei den einen als natürliches Mittel des Heilens, während andere dem Wort einen ironischen Unterton beigeben, als handle es sich um einen albernen Hokuspokus aus dem Bereich des Aberglaubens. Viele Mütter und sensible Leute wissen es besser. Ohne jemals Energiearbeit gelernt zu haben, leiten sie ihren heilenden Wunsch in die Hände und haben einen gewissen Erfolg damit.

Die folgende Übung variiert ein wenig, denn die Hände werden nicht direkt aufgelegt, sondern die Energie wird durch die Energietore in den Handflächen abgestrahlt. Diese Methode ist besonders geeignet bei Knochenbrüchen oder äußeren Wunden.

Nehmen wir an, Sie haben sich etwas gebrochen, zum Beispiel einen Unterarm. Nun soll die gebrochene Stelle so schnell wie möglich zusammenwachsen.

Heilen mit einer Hand

Sitzen Sie möglichst aufrecht und zugleich entspannt. Schließen Sie die Augen und sammeln Sie vitale Energie, indem Sie mit allen Poren Energie aus dem Kosmos »einatmen«, wie auf Seite 151 beschrieben, und sammeln Sie sie im Energiespeicher im Unterbauch ein.

Reiben Sie gründlich die Handflächen aneinander, bis sie ganz warm geworden sind, und konzentrieren Sie sich dabei auf die Energietore in den Handflächen. Wenn die Hände sehr kalt sind, sollten Sie sie eine Weile auf den Bauch legen und sie gut entspannen, wie in der Entspannungsübung Seite 56 beschrieben. Dann werden sie ganz von selbst warm. Wo immer Kälte in den Extremitäten oder im Körper ist, kann die Energie nicht fließen. Die erste Maßnahme, um Energiestauungen zu lösen, ist immer Entspannung.

Halten Sie nun die freie Hand in etwa zehn Zentimetern Abstand über die verletzte Stelle, und stellen Sie sich vor, daß durch das Energietor in der Mitte der Handfläche heilende Lebensenergie, die der Energiespeicher im Bauch zur Verfügung stellt, in die Verletzung hineinstrahlt. Stellen Sie sich weiter vor, daß die Energie sich bewegt, pulsiert. Auch Ihre Hand bewegt sich mit, in einem sanften, rhythmischen Lockern und Strecken der Finger.

Bleiben Sie dabei mit einem Teil Ihrer Wahrnehmung im Bauch. Sie können den Vorgang mit dem Atem unterstützen: Während Sie einatmen, ist die Aufmerksamkeit im Bauch; wenn Sie ausatmen, sind Sie mit dem Energietor in der Hand verbunden und stellen sich vor, daß die Energie im Rhythmus mit dem Ausatem in die verletzte Stelle fließt.

Ihre gesamte geistige und körperliche Aktivität ist auf Heilung ausgerichtet. Vielleicht erinnern Sie sich, wie Ihre Mutter, als Sie noch klein waren, auf eine kleine Verletzung gepustet hat und beschwörend sang: »Heile, heile Segen«. Oder Sie haben es, wenn Sie selbst Mutter oder Vater sind, bei Ihren Kindern so gemacht, unbewußt einem natürlichen Prinzip folgend. Auch Medizinmänner oder die *Curandera* beschwören die heilenden Geister (Energien) mit Beschwörungsformeln und heilenden Gesten.

Denken Sie daran, daß Ihre Vorstellung und Ihr Gefühl die Transportmittel der Energie sind. Je mehr Sie sich mit der Übung identifizieren, desto mehr Wirkung hat sie. Unsere geistige Kraft ist potentiell sehr groß, doch wir benützen im allgemeinen nur sehr wenig davon oder zumindest nicht zu guten Zwecken. Wenn Sie zum Beispiel eine gewaltige Wut haben, können Sie ohne Mühe einen ganzen Haushalt mit dieser negativen Energie vergiften. Würde dasselbe Maß an Energie eine andere Ladung haben, etwa liebevolle Zuneigung, so könnten Sie einen ganzen Haushalt inspirieren. Machen Sie die Probe selbst.

Heilen mit beiden Händen

Wie oben beschrieben können Sie auch mit beiden Händen vorgehen, je nachdem, wo Sie sich verletzt haben. Und natürlich sind weder diese kleine noch alle anderen Heilübungen auf Selbstheilung beschränkt. Sie können die Energie, mit der Sie sich selbst heilen, auch einem anderen Menschen zur Verfügung stellen. Wenn Sie versuchen wollen, in der beschriebenen Weise jemand anderen mit den Händen zu heilen, sollten Sie darauf achten, daß Sie selbst nicht zuviel Energie verlieren. Sie arbeiten hier mit einer relativ groben, individuell gebundenen Energie, die sich schnell erschöpfen kann. Füllen Sie also Ihr Energiereservoir mit Übungen wie »Energieatmung« wieder auf.

Sie können Ihre Hände noch in anderer Weise zur Selbstheilung einsetzen, indem Sie bestimmte Bereiche des Körpers massieren. Das können Sie auch tun, wenn Sie im Bett liegen müssen. Hier zwei Möglichkeiten, wie Sie sich ohne großen Aufwand selbst helfen können:

Die Ohren massieren

Die Form der Ohrmuschel ähnelt einem Embryo mit dem Kopf nach unten, und die Verbindung bestimmter Energiepunkte mit Organen und Körperbereichen bestätigt diesen Eindruck. Mit einer einfachen Ohrmassage lassen sich diese Punkte aktivieren, und die vitalisierende Wirkung wird schnell deutlich.
Reiben Sie zuerst die Handflächen mit der Konzentration auf die Energietore, bis sie schön warm sind und sich energetisiert anfühlen.
Sie können ein Ohr nach dem anderen oder beide Ohren zugleich behandeln. Massieren Sie zuerst mit dem Daumen und der Seite des gekrümmten Zeigefingers den Außenrand der Ohrmuscheln. Fangen Sie oben an, und reiben Sie kräftig bis zum Ohrläppchen hinunter. Reiben Sie dann mit Zeigefinger und Daumenkuppe den inneren Bereich der Ohrmuschel. Zuletzt massieren Sie das Ohrläppchen und ziehen es ein wenig nach unten.
Jetzt sind Ihre Ohren ganz heiß geworden, und Sie fühlen sich belebter und munterer als zuvor. Natürlich können Sie die Ohren bei jeder beliebigen Gelegenheit massieren – es tut immer gut.

Den Bauch massieren

Das Liegen im Bett ist nicht gut für die Verdauung; sie wird träge, Giftstoffe entstehen aus unverdaubaren Rückständen, und der gesamte Organismus leidet unter der Belastung durch diese Gifte. Das ist keine gute Voraussetzung für den Heilungsprozeß.

Die besten Zeiten für die Bauchmassage sind frühmorgens und abends vor dem Einschlafen. Einen vollen Bauch sollten Sie natürlich in Ruhe lassen. Wie bei jeder Übung mit den Händen müssen die Handflächen zuerst gut gerieben werden. Stellen Sie sich vor, daß heilende Energie in Ihre Hände strömt.

Die Massage folgt dem Verlauf des Dickdarms – rechts aufwärts, links abwärts. Beginnen Sie rechts unten und massieren Sie mit kreisenden Bewegungen. Verhärtete oder schmerzende Stellen brauchen eine sehr sanfte und aufmerksame Behandlung. Seien Sie beim Massieren nie ungeduldig. Die Qualität der geistigen »Berührung« von innen ist genauso wichtig wie die der Berührung von außen.

Traditionell werden neun Runden oder doppelt soviel empfohlen, aber Sie können sich an Ihr eigenes Gefühl halten und dann aufhören, wenn es Ihnen ausreichend erscheint.

Vergessen Sie nicht, den Entgiftungsprozeß durch häufiges Trinken zu unterstützen – am besten alle zwei Stunden ein Glas Wasser!

Übung
Selbstheilung durch das Innere Lächeln

Die folgenden Übungen zielen auf einen ganzheitlichen Umgang mit dem kranken Zustand hin. Es sind Basisübungen, die heilend auf die Körper-Geist-Einheit einwirken, und natürlich wirken sie auch präventiv im gesunden Zustand.

Beginnen Sie mit der Entspannung des ganzen Körpers – der Gesichtszüge, der Hände und Füße, der Arme und Beine, der Brust und des Unterleibs. Blättern Sie, falls Sie mit dieser Entspannungsübung noch nicht ganz vertraut sind, zurück auf Seite 56 und vergegenwärtigen Sie sich noch einmal die einzelnen Übungsschritte.

Lassen Sie sich Zeit zum Entspannen. Denken Sie daran, daß eine gute Entspannung bereits die halbe Heilung bedeutet.

Wenn Sie im Bauchraum angekommen sind, verbinden Sie sich ein paar tiefe, ruhige Atemzüge lang mit dem Atem im Bauch.

Lassen Sie jetzt das Lächeln entstehen. Unterstützen Sie es, wenn nötig, durch ein inneres Bild, das Sie zum Lächeln bringt. Bald stellt sich ein Gefühl der Wärme und des sanften Fließens in Ihrem Körper ein.

Das Lächeln breitet sich zuerst im Gesicht aus und bezieht dann auch den Hals mit ein. Gerade wenn man krank ist, entsteht oft ein Gefühl der Enge im Hals. Lösen Sie dieses Gefühl durch das Lächeln auf.

Das Lächeln breitet sich nun, vom Herzen ausgehend, von oben nach unten im Körper aus, bis Sie ganz von der harmonisierenden, heilenden Qualität dieses Lächelns erfüllt sind. Es löst Druck in der Brust und Spannung im Unterleib. Es belebt die inneren Organe, wo zuwenig Aktivität ist, und beruhigt, wo sich Unruhe befindet. Der Herzschlag wird ruhig und stark, der Atem ist sanft und zugleich tief.

Nehmen Sie sich einen bestimmten Zeitraum vor, etwa eine Viertelstunde oder eine halbe Stunde, in dem Sie Ihre organischen Systeme im Inneren Lächeln »baden«. Stellen Sie sich das kranke Organ vor, doch sind natürlich keine besonderen medizinischen Kenntnisse nötig. Die heilende Energie weiß selbst, was sie zu tun hat. Es genügt, sich einfach nur vorzustellen, daß alle Körperfunktionen von der Energie des Lächelns harmonisiert werden.

Ihre Gedanken werden während dieser Übung wahrscheinlich immer wieder wegwandern; sobald Sie es bemerken, kehren Sie zur Übung zurück.

Zum Abschluß versammeln Sie Ihre Aufmerksamkeit im Unterbauch und verbinden sie mit dem Bauchatem.

Forschungen haben gezeigt, daß die Vorstellung, man aktiviere Kampfeinheiten (wie etwa weiße Blutkörperchen) im Körper, die gewaltsam gegen die Krankheit vorgehen, bei weitem weniger wirksam sind als der Versuch, krankmachende Informationen durch eine freundliche, entspannte innere Situation aufzulösen. Das weist darauf hin, daß Tiefenentspannung eine grundlegende Maßnahme zur Aktivierung heilender Energie ist.

Intelligente Energie

Wenn Sie dem Bedürfnis nachgeben, das kranke Organ oder die verletzte Stelle gezielt »anzulächeln«, ist das sicher gut, denn es schafft Beziehung, und Beziehung ist, wie wir schon feststellten, der Schlüssel zum freien Fluß der Energie. Es geht vor allem darum, daß Sie sich Ihrem eigenen Körper freundlich zuwenden. Echte Beziehung, so könnte man sagen, ist in sich freundlich, oder echte Freundlichkeit ist in sich Beziehung. Es bedeutet immer ein Überschreiten des Getrenntseins, der Isolation. Auf der Ebene der Energie betrachtet man Krankheit nicht vom Standpunkt der Symptome aus, sondern vom Standpunkt des ganzheitlichen Zusammenspiels, der Beziehung der Organe zueinander. Deshalb spricht man in der chinesischen Medizin zum Beispiel von »Organkreisläufen«, anstatt einzelne Organe isoliert zu betrachten.

Die vitale Energie ist »intelligent« – sie weiß selbst am allerbesten, was zu tun ist, um ein harmonisches Gleichgewicht herzustellen. Natürlich kann ein erfahrener Arzt mit Akupunktur oder anderen auf das Energiesystem bezogenen Mitteln dem Fluß der Energie an ganz bestimmten Stellen nachhelfen, und es gibt spezielle Übungsmethoden im Rahmen traditioneller Energiesysteme, wie etwa des chinesischen Systems der Meridiane und Meridianpunkte. Dazu bedarf es jedoch besonderer Kenntnisse. Was hingegen jeder Mensch ohne besondere Voraussetzungen für sich selbst tun kann, ist ein grundlegendes Aktivieren der Selbstheilungskräfte.

Organsysteme und Gefühle

Wenn Sie sich die Zeit und die Aufmerksamkeit gönnen, mit Hilfe des Inneren Lächelns eine feinfühlige Kommunikation mit Ihrem Körper aufzunehmen, werden Sie feststellen, daß sich bestimmte Gefühle verändern. Die organischen Systeme stehen in Wechselbeziehung mit der Ebene der Gefühle und hängen jeweils mit bestimmten Gefühlsqualitäten zusammen. Allgemein gebräuchliche Redewendungen sind aus der Beobachtung dieses Zusammenhangs entstanden. Man sagt zum Beispiel: »Ich hab eine Wut im Bauch«, oder: »Da läuft einem doch die Galle über«, oder: »Das Herz ist schwer«. Sie können feststellen, daß sich auch Gefühle wie Angst, Sorge, Bedrückkung, Mutlosigkeit, Ärger oder Groll durch die körperlich orientierte Übung des Inneren Lächelns lösen, denn die Organkreisläufe, die mit diesen Gefühlen verbunden sind, werden entlastet.

Geistiges Heilen

Der Titel »Geistiges Heilen« paßt letztlich zu jeder Energieübung, denn es geht ja immer um eine geistige Steuerung, die zu einem »heileren« (harmonischeren) Zustand führt. Doch im Zusammenhang mit unserem speziellen Thema soll er eine Brücke schlagen zu dem Phänomen, das man »Geistheilung« nennt. Geistheiler verstehen sich im allgemeinen als eine Art Kanal oder Mittler für eine heilende Energie, die von »Gott« oder einer anders genannten überindividuellen Quelle kommt. Nichttheistische Religionen beziehen sich ebenso auf diese Energie wie theistische Religionen. Es ist eine Frage der Verständnisebene, wie diese Energiequelle eingeordnet wird. Doch wir wollen uns hier nicht mit dem einen oder anderen religiösen Mythos befassen, sondern mit Prinzipien der Praxis. Wir wollen hier das allgemeingültige Prinzip einer über das Individuelle und über die Natur hinausgehenden Energie als spirituelle oder »göttliche« Energie bezeichnen. »Wirklich ist, was wirkt«, sagte der Tiefenpsychologe C. G. Jung, und auf diese praktische Wirklichkeit beziehen wir uns in der Energiearbeit.

Übung
Meditative Selbstheilung

Sitzen Sie angelehnt, aber gerade aufgerichtet, eventuell mit einem kleinen Kissen im Rücken. Falls Sie sehr schwach sind, liegen Sie am besten so, daß Ihr Oberkörper ein wenig angehoben ist, ohne daß dabei die Brust eingeengt wird. Stützen Sie zusätzlich den Kopf, so daß er möglichst aufgerichtet ist.

Beginnen Sie mit einer Phase der Bauchatmung, bis Sie ruhig geworden sind und sich nicht abgelenkt fühlen.

Stellen Sie sich vor, daß Sie von einem weiten, stillen Meer umgeben sind und schwerelos auf dem Wasser treiben. Es ist Nacht, und ein großer, strahlender Mond ist soeben aufgegangen. In der Mondscheibe erscheint eine Figur, die für Sie »göttliche« Energie personifiziert. In der chinesisch-buddhistischen Tradition, aus der diese Übung stammt, ist es Kwan Yin *(Guanyin)*, die weibliche Gottheit des allumfassenden Mitgefühls, die auf einer Lotosblüte steht. Vielleicht sind Maria oder Jesus die Personifizierungen, die in Ihnen das Gefühl von starker innerer Beziehung und Hingabe auslösen; vielleicht haben Sie eine Schutzengelgestalt, auf die Sie sich beziehen können. Wenn Sie keine Beziehung zu solch einer Repräsentation überindividueller heilender Energie haben, stellen Sie sich die Gestalt der Kwan Yin einfach vor. Sie wird als schöne Frau in fließenden weißen Gewändern dargestellt, mit einer Ausstrahlung reinster liebevoller Zuwendung und Klarheit.

Die Mondscheibe verwandelt sich in die Lichtaureole der göttlichen Figur, die nun vor Ihnen schwebt. Stellen Sie sich eine Öffnung an der höchsten Stelle Ihres Kopfes vor. Bitten Sie die göttliche Präsenz im Geist darum, daß dieses Energielicht in Sie einströmen und Sie heilen möge.

Ich hörte einmal eine deutsche Heilerin, eine einfache Frau, die über außerordentliche diagnostische, heilende und hellsichtige Fähigkeiten verfügt, sagen: »Wer nicht bitten und nicht danken kann, kann auch nicht geheilt werden.« Natürlich ist damit nicht die Pflichtübung des Bitte- und Danke-Sagens gemeint, die wir als Kind im Rahmen der Regeln guten Benehmens gelernt haben. Es geht nicht um Worte, sondern vielmehr um eine Geisteshaltung der dankbaren Empfänglichkeit und des Verbundenseins, wie sie im Zusammenhang mit den Übungen »Himmel-Erde-Mensch« beschrieben wurde.

Aus der Stirn der Gottheit tritt ein Lichtstrahl aus und dringt in das Tor in Ihrem Scheitel ein. Ihr Körper wird so von oben her mit heilendem Energielicht erfüllt, und die Krankheit, die Sie sich als schwarze Energie vorstellen, wird nach unten getrieben und fließt durch die Fingerspitzen und die Fußsohlen ab. Sie sinkt in die Tiefe des Meeres unter Ihnen und löst sich darin auf.

Wenn Sie ganz von heilendem Energielicht erfüllt sind, bleiben Sie bei dieser Erfahrung und entspannen sich darin. Die göttliche Figur löst sich in Licht auf, zieht sich zu einer Flamme zusammen und verschwindet, begleitet von Ihren dankbaren Gefühlen.

Nach einer Zeitspanne, die Sie sich selbst gesetzt haben – etwa fünfzehn oder zwanzig Minuten oder auch länger –, kehren Sie zum Atem im Bauch zurück und schließen damit die Übung ab.

Diese Selbstheilübung sollten Sie zwei- bis dreimal täglich wiederholen, bis es Ihnen bessergeht.

Sie brauchen sich nicht mit Überlegungen herumzuschlagen wie »Gibt es diese Gottheit oder gibt es sie nicht?«. Sie haben der unsichtbaren Energie ein sichtbares Gewand verliehen, um besser Verbindung aufnehmen zu können. Die Gestalt verkörpert die Heilungsenergie, die in uns angelegt ist, aber jenseits des individuellen Willens steht; sie kann nicht das Objekt unserer Manipulation sein. Sie manifestiert sich nur unter bestimmten Umständen, und es liegt bei uns, diese Umstände zuzulassen.

Übung
Angst auflösen

Eine schwere Krankheit kann Angst erzeugen. Das Gefühl, daß der bisher so verläßliche Körper ernstlich versagt, ist entsetzlich beunruhigend. Oder es handelt sich um geistiges Versagen – das wirkt fast noch bedrohlicher. Doch Angst ist das, was Sie jetzt am allerwenigsten gebrauchen können. Angst verursacht Streß und behindert Heilungsprozesse. Aber sie läßt sich nun einmal nicht einfach abschalten, und selbst wenn Sie sich alle Mühe geben, sich zu entspannen, haben Sie möglicherweise keinen Erfolg damit. Wenn Sie eine Beziehung zu einer spirituellen Gestalt – »Gottheit« – haben, werden Sie sich vermutlich an diese Gestalt wenden. Sie können jedoch auch auf folgende Weise vorgehen:

Als erstes verbinden Sie sich mit Ihrem Atem. Atmen Sie in der Art und Weise, wie sie in der Übung »Windstille« (Seite 52) beschrieben ist. Sie atmen sanft, aber tief und lange durch die Nase ein und lassen dann den Ausatem durch die Nase ausströmen, bis der Atem zum Stillstand gekommen ist. Warten Sie die anschließende Pause ab; der Einatem kommt von selbst. Dehnen Sie die Pause nicht mit Gewalt aus, das würde nur wieder Unruhe erzeugen. Am Anfang wird der neue Einatemimpuls wahrscheinlich recht schnell kommen, doch nach wenigen Minuten verlängert sich die Pause immer mehr.
Am besten ist es, einen nahen Menschen zu bitten, Sie durch die Übung zu führen. Die andere Person kann ihre Hand ganz leicht auf Ihren Bauch legen und aufmerksam Ihren Atem begleiten: »Langsam einatmen, laß dir Zeit. Spüre den Atem im Bauch, im Rücken. Laß den Atem davonfließen, sich auflösen. Laß ihn ausrollen. Verbinde dich mit der Ruhe ...«

Ist der Atem ruhiger und tiefer geworden und Sie können ein bißchen in der Pause verweilen, lockern Sie die bewußte Verbindung mit dem Atem und richten die Aufmerksamkeit auf den Brustraum. Stellen Sie sich das Herzzentrum als eine Tür vor, die Sie öffnen können. Sie öffnet sich zu einem unendlich weiten, blauen Raum, wie ein wolkenloser Himmel, leuchtend und tief. Gehen Sie durch die Tür in den blauen Raum. Atmen Sie sanft, aber tief die frische Weite ein, und atmen Sie mit einem gehauchten oder stimmhaften »Ahhhh!« alles Bedrückende aus. Atmen Sie während der ganzen Übung mit dem »Ah!« aus. Wenn es aus irgendeinem Grund nicht möglich ist, das »Ah!« tönen zu lassen oder zu hauchen, dann denken Sie zumindest »Ah!«

Lassen Sie nach und nach das Bild der Tür hinter sich, und überlassen Sie sich dieser Welt voll blauem Energielicht, in der sich die Enge der Angst und Panik auflösen. Dort können Sie sich geborgen fühlen. Die Gewohnheitsmuster von Zeit und Raum, wie man sie üblicherweise empfindet, sind bedeutungslos geworden, sobald man durch diese Tür getreten ist.

Auch wenn dies zunächst eine Imagination ist und Sie nicht wirklich mit der Ebene der feinsten Energie verbunden sind, bringt diese Übung doch große Erleichterung.

Verbinden Sie sich zum Abschluß wieder mit dem Bauchatem. Vielleicht schlafen Sie auch ein, während Sie noch im blauen Raum sind. Das ist sehr gut. Sie werden erfrischt aufwachen.

Heilen

Andere heilen

Jeder Mensch hat sie, die Macht des Heilens, zumindest potentiell. Die heilende Energie, die wir in uns freisetzen, um uns selbst zu heilen, können wir auch für andere verwenden. Wer in einem heilenden Beruf arbeitet, wird sich möglicherweise für eine spezielle Ausbildung interessieren, wie etwa *Wai Qi Gong* oder *Äußeres Qi Gong*, das *Qi Gong*-Heiler gezielt einsetzen, um Staus in den Energiebahnen zu beseitigen und Heilungsprozesse zu beschleunigen. Doch auch als Laie können Sie von Ihrer Heilkraft bis zu einem gewissen Grad Gebrauch machen. Dazu benötigen Sie nichts anderes als Achtung vor der Würde des anderen Wesens, die entsprechende gute Absicht, heilen zu wollen, Konzentration auf die Arbeit und eine ruhige und liebevolle Geisteshaltung. Auf diese Weise können Sie nicht nur Menschen helfen, sondern auch Tieren, wie etwa Ihrem geliebten Haustier, oder Pflanzen, an denen Ihnen viel liegt.

Natürlich soll man nicht davon ausgehen, daß diese Hilfe auf der Energieebene eine ärztliche Behandlung ersetzt. Doch da letztlich nicht der Arzt, sondern das eigene innere Heilungssystem den Patienten heilt, kann man die heilende Energie im Kranken anregen und verstärken.

Es lassen sich verschiedene Mittel einsetzen, und es gibt unterschiedliche Ebenen, auf denen Sie helfen können. Legen Sie dem kranken Wesen – Mensch, Tier oder auch Pflanze – die Hände sanft auf den kranken Bereich, oder bringen Sie gezielt streichelnd die Energie zum Fließen. Sie können die heilende Energie jedoch auch durch die Energietore in den Handflächen oder durch den Stirnpunkt leiten, ohne das andere Wesen direkt zu berühren. Das empfiehlt sich natürlich ganz besonders dann, wenn der Mensch oder das Tier nicht berührt werden möchten.

Wenn Sie sich an einem anderen Ort befinden, können Sie die kranke Person oder das kranke Tier in Ihrer Vorstellung vor sich plazieren; dann spielt sich das Heilen in diesem Vorstellungsbild ab. Die subtile Energie ist unabhängig von Entfernungen. Nur wir selbst sind abhängig davon; wir können uns im allgemeinen besser auf jemanden konzentrieren, der nah bei uns ist, und deshalb hat unsere Bemühung in diesem Fall meistens mehr Wirkung.

Übung
Kranke Energie ableiten

Lassen Sie den Kranken vor sich liegen oder sitzen. Schließen Sie kurz die Augen, und stimmen Sie sich mit den drei vorbereitenden Übungen ein. Verbinden Sie das Lächeln mit der Vorstellung, von leuchtender, liebevoller Energie erfüllt zu sein. Fühlen Sie diese Energie. Seien Sie sich darüber im klaren, daß diese Energie nicht von Ihrem Ich kommt, sondern aus der Natur des Geistes, der von nichts getrennt ist. Es ist wichtig, daß Sie sich dem Kranken (das heißt seinem Energiekörper) mit dieser reinen Energie nähern.

Falls Sie eine starke gefühlsmäßige Bindung an die kranke Person haben und sehr bekümmert und voller Angst und Sorge sind, sollten Sie sich erst dann mit einer Heilübung befassen, wenn Sie sich beruhigt haben und wirklich entspannt sind.

Streichen Sie nun sanft von oben nach unten über den Körper des Kranken, vom Kopf bis zu den Füßen, begleitet von der Vorstellung, daß die krankmachende Energie dabei nach unten gezogen wird und den Körper durch die Fußsohlen verläßt. Sie können sich diese Energie als dunkles, unangenehmes Fluidum vorstellen, das sich, wenn es den Körper verlassen hat, auflöst. (Solche Vorstellungen sind natürlich nur Hilfsmittel, damit sich unser dualistisch funktionierender Geist orientieren kann.) Nach einigen Minuten wird sich die Menge der abgeleiteten dunklen Energie verringern, bis schließlich nichts mehr nachkommt.

Sie können die negative Energie auch aus bestimmten kranken Bereichen »herauszupfen«. Halten Sie die Hand über die kranke oder verletzte Stelle, und machen Sie greifende Bewegungen, als würden Sie eine Substanz ergreifen und vom Körper wegziehen. Stellen Sie sich vor, daß Sie auf diese Weise dunkle Energie aus dem Körper herausziehen. Schütteln Sie dann die Hand aus, mit der Vorstellung, daß die dunkle Energie abfällt und sich auflöst. Auch bei dieser Methode wird die Menge der dunklen Energie immer geringer.

Denken Sie dabei nicht an Erfolg. Man mag die Wirkung nicht unmittelbar erkennen, doch Sie können ganz sicher sein, daß Sie sich nicht umsonst bemühen. Das Gefühl, großartige Leistungen zeigen zu müssen, oder gar die Absicht, sich mit heilerischen Kräften profilieren zu wollen, unterminiert echtes Vertrauen und die natürliche Kraft, die in der liebevollen Absicht steckt.

Erinnern Sie sich immer wieder daran, daß es sich um einen ganzheitlichen Vorgang handelt. Es ist keine »Technik«. Das wichtigste Element ist Ihre geistige Ausrichtung – Ruhe, Freundlichkeit, liebevolle Absicht.

Übung
Heilende Energie zuführen

Nachdem Sie negative Energie entfernt haben, fahren Sie nun heilende Energie zu. Ist die kranke Person allgemein ge-

schwächt und Sie wollen nur diese Heilübung anwenden, bereiten Sie sich wie oben mit den drei Übungen vor.
Handauflegen ist die einfachste Art, heilende Energie zu vermitteln. Der körperliche Kontakt und die Wärme der Hand wirken beruhigend und spannungslösend. Wenn Sie nur ruhig dasitzen, Ihre Hand oder beide Hände auflegen und der kranken Person Heilung wünschen, ist das bereits eine große Hilfe.
Sie können noch weitergehen und bewußt heilende Energie durch die Tore in den Handflächen in den Energiekörper des anderen leiten. Halten Sie die Hände etwa zehn Zentimeter über der erkrankten oder verletzten Stelle. Strecken und lockern Sie dabei sanft die Finger mit einer pumpenden Bewegung, und stellen Sie sich vor, daß heilende Energie aus Ihrem Energiespeicher im Unterbauch in die Arme und durch die Hände in den Körper des Kranken fließt. Spüren Sie selbst nach, wann es genug ist.
Zwischendurch sollten Sie eine Pause machen und sich mit der Übung »Energieatmung« wieder aufladen, damit Sie nach der Sitzung nicht zu sehr erschöpft sind.

Wollen Sie jemandem heilende Energie zuführen, der sich nicht von Ihnen berühren lassen möchte (vielleicht handelt es sich um eines Ihrer Kinder in der Pubertät – in dieser Zeit haben Jugendliche oft das natürliche Bedürfnis, sich auch körperlich abzugrenzen), nehmen Sie einfach die Vorstellung zu Hilfe. Wenn es sich um jemanden handelt, der gerade Streit mit Ihnen hat, stellen Sie am besten das Innere Lächeln voran und hüllen die Person zuerst in die besänftigende Energie des Lächelns ein.

Tiere heilen

Das Heilen von Tieren spielt sich genauso ab wie das Heilen von Menschen. Bei einem verängstigten oder verstörten Tier – etwa nach einem Unfall oder nach einer Operation – ist es gut, ihm zu erklären, was Sie vorhaben. Es wird zwar Ihre Worte nicht genau verstehen, doch der Ton Ihrer Stimme und die Gefühle und Bilder, die Sie dabei ausstrahlen, kommen an. Der Erfahrung nach lassen sich Tiere durch gutes Zureden in erstaunlichem Maß zur Kooperation bewegen.

Tiere nehmen Ihre Stimmung deutlicher auf als Menschen, die sich meistens von ihren eigenen Gedanken ablenken lassen. Also ist es besonders wichtig, daß Sie selbst ruhig und zuversichtlich sind.

Wenden Sie sich dem Tier mit Respekt vor seiner persönlichen Würde zu. Es versteht sich von selbst, daß ohne diese Einstellung kein Heilen möglich ist. Im Gegenteil, schon die Ausstrahlung dieser achtungsvollen Haltung ist heilsam. Achten Sie genau darauf, wie das Tier reagiert, ob es Körperkontakt wünscht oder nicht. Meistens wirkt Berührung unterstützend, doch in manchen Fällen ist sie eher hinderlich.

Wenn Ihr Haustier – Katze, Hund, Vogel, Kaninchen, Meerschweinchen, Huhn oder auch ein größeres Tier wie Pferd oder Esel – erkrankt, haben Sie einen guten Anlaß, Ihre Beziehung zu Ihrem Tier zu überprüfen. Gerade dann braucht es ganz besonders Ihre Zuwendung, Aufmerksamkeit und innere Ruhe. Emotionales Bedrängen, Ignorieren oder ärgerliche Abwehr der Umstände, die vielleicht durch die Krankheit entstehen, werden besonders deutlich wahrgenommen und behindern die Heilung. Da könnte man fast sagen: Ein Tier ist eben auch nur ein Mensch!

Meditation

Die Ebenen der Energie

In der Tradition des tibetischen Buddhismus wie auch des mit dem Taoismus verbundenen chinesischen Buddhismus spielt Energiearbeit eine wichtige Rolle. Doch sie durchdringt die gesamte meditative Praxis so untrennbar, daß wir erst einmal sortieren müssen, um die Prinzipien beider klar sehen zu können. Im Tibetischen bedeutet der Oberbegriff für alles, was mit Meditation und Energiearbeit zu tun hat, ganz einfach »Übung«.

Wenn wir »subtile Energie« oder »vitale Energie« sagen, dann klingt das so, als hätten wir es mit einer klar definierten Sache zu tun. Doch diese »Energie« ist ein facettenreiches Phänomen. In der chinesischen Tradition sprach man zum Beispiel von »drei Schätzen« und bezog sich damit auf drei Stufen der subtilen Energie von der körpernahen, organischen Ebene bis zur höchsten Geistebene. Die Tibeter stellten die Ordnung der Welt – der materiellen wie der geistigen – in der Form eines Kreises (Mandala) mit drei Bereichen dar: äußere Ebene, innere Ebene und zentrale (»geheime«) Ebene, außerdem unterteilt in Mutterenergie und Vaterenergie.

Seitdem Elemente der Energiearbeit in unserer Kultur Einlaß gefunden haben, ist der Gummibegriff »Meditation« – durch Energiearbeit diffus angereichert – noch ein bißchen konfuser geworden. So häufig dieses Wort benützt wird, so unklar ist seine Bedeutung. Es ist wie eine Schublade, in die man alles steckt, was in keine der vertrauten Kategorien paßt.

Manche Leute verstehen unter Meditation, sich in interessante psychische Zustände hineinzumanipulieren, die dann als »Erleuchtungszustände« mystifiziert werden, oder sie glauben,

Meditation sei das »totale Abschalten«. Es gibt Leute, die meinen, es sei Meditation, wenn sie hingebungsvoll Klavier spielen, abspülen oder ihre Rosen beschneiden. Manche halten Meditation für eine Methodik, um übersinnliche Fähigkeiten zu entwickeln, mit denen man Kontrolle über seine Umwelt gewinnt. Manche betrachten sie als egozentrische »Nabelschau«, und für einige ist sie einfach Flucht vor der Realität. Auch im Bereich der Energiearbeit ist die Angelegenheit unklar. Manchmal ist im Zusammenhang mit chinesischer Energiearbeit *(Qi Gong, Tao Yoga)* von »Energie-Meditation« oder einfach nur von »Meditation« die Rede, je nach Belieben des Autors. In der tibetischen Tradition hat eine bestimmte Form der Energiearbeit zwar ihren eigenen Namen *(Tsa Lung)*, ist aber untrennbar in die gesamte spirituelle Praxis eingebunden *(Sadhana)*. Die tantrische Meditationspraxis, die mit dem Visualisieren von Gottheiten und Energielicht verbunden ist, enthält viele Elemente der Energiearbeit.

Einen klareren Überblick erhalten wir, wenn wir das Modell der drei Bereiche des Mandala – Außen, Innen und Mitte – zu Hilfe nehmen. Im äußeren Bereich ist die Körper-Geist-Energie sehr grob, im inneren Bereich ist sie feiner, und in der Mitte ist sie ganz fein. Mit anderen Worten, außen ist sie der Form näher (dualistisch), und je weiter man nach innen geht, desto »geistiger« ist sie (weniger dualistisch); im Zentrum wird sie zu »spiritueller« Energie, die in ihrer feinsten Form »reiner Geist« ist (nicht dualistisch).

Wenn wir zum Beispiel nach Energieübungen greifen, weil wir gesundheitliche Probleme haben, bewegen wir uns im äußeren Bereich. Zielen wir hingegen eher auf geistige Entspannung und Beruhigung ab, bewegen wir uns im inneren Bereich. Wollen wir aber die reine Natur des Geistes verwirklichen (das, was man »Erwachen«, »Befreiung«, »Erleuchtung«

nennt), beziehen wir uns auf den zentralen Bereich. Auf welcher Ebene wir vorgehen, hängt also nicht nur von der Art der Energiearbeit ab, sondern vor allem von unserer inneren Ausrichtung und Befähigung.

»Meditation«, geistige Übung im buddhistischen Sinn, wollen wir hier als einen Begriff definieren, der sich auf die Ausrichtung auf die Mitte, die reine Natur oder Essenz des Geistes, jenseits des Dualismus bezieht, während »Energiearbeit« sich auf die spezielle Methodik der Arbeit mit den verschiedenen Manifestationen der subtilen Energie bezieht.

Die Meditationspraxis bewirkt umwälzende Veränderungen der subtilen Energien, doch gehen diese Veränderungen im allgemeinen sehr langsam vor sich. Die Energiearbeit auf der spirituellen Ebene unterstützt den Prozeß dieser Veränderung und kann ihn dramatisch beschleunigen. Auf der äußeren Ebene schafft die Energiearbeit mit der gröberen Energie eine gute Voraussetzung für die meditative Praxis, wie Konzentrationsfähigkeit, Entspanntheit und eine gute körperliche Verfassung, die jede Art von innerer Arbeit leichter macht.

Stufen der Meditation

Sie kennen gewiß den höchst angenehmen Zustand, an einem Strand im warmen Sand zu liegen und »den Kopf abzuschalten«. Sie sind irgendwie »weit weg«, weder schlafend noch wachend, und danach, wenn Sie wieder richtig wach sind, haben Sie den Eindruck, nicht gedacht zu haben. In Wirklichkeit haben Sie einfach gedöst. Die Wachheit war gerade so weit heruntergeschraubt, daß keine Wahrnehmung des Gedankenflusses mehr da war. Aber unser Geist ist Tag und Nacht aktiv, ob wir bewußt Verbindung damit haben oder nicht.
Der beschriebene dösende Zustand hat nichts mit Meditation zu tun, nicht einmal mit echter Entspannung; sonst wären wir ja jedesmal nach so einem halben Nickerchen wunderbar entspannt. Um Meditation handelt es sich nur, wenn der Geist wach ist – aufmerksam, gesammelt, offen, je nach Ebene der Meditation. Dieselbe Voraussetzung gilt auch für Energiearbeit.

Wenn man sich auf einen Punkt sammelt, anstatt dem Umherschweifen der Gedanken nachzugeben, entstehen Augenblicke geistiger Balance, in denen man nicht abgelenkt ist. Man benutzt im allgemeinen zuerst ein Hilfsmittel, wie zum Beispiel den Atem. Später dann stabilisiert man diese Fähigkeit des geistigen Stillhaltens ohne irgendeine Vorstellung.
Diese Stufe der geistigen Beruhigung auf der Ebene, auf der Subjekt (der Meditierende) und Objekt (die Ruhe) getrennt sind, nennt man *Shamatha* (»Friede« oder »ruhiges Verweilen«). Mit viel Übung kann man die geistige Ruhe so sehr stabilisieren, daß man über lange Zeit hin völlig unabgelenkt

ist. Dabei fühlt man sich sehr wohl. Körper und Geist sind angenehm entspannt, nichts schmerzt, nichts beunruhigt. Läßt man sich noch weiter darauf ein, kommt es zu einem Trance-Zustand, in dem sich die Verbindung mit den Sinnen völlig löst.

Eine Annäherung an den *Shamatha*-Zustand wird als nötige Grundlage betrachtet, ist jedoch nur ein vorläufiges Ziel. Der Shamata-Zustand als Endziel ist so, als würde man sich auf einem Sprungbrett niederlassen und dort bleiben, anstatt zu springen. Das Springen bedeutet völliges Loslassen, also auch das Konzept des Loslassens loszulassen. Dann öffnet sich der Geist und läßt seine Essenz sichtbar werden. Diese Stufe nennt man Vipashyana. Auf der vorhergehenden Stufe wurde die Übung stabilisiert. Danach wird das Nicht-Üben stabilisiert. In der tibetischen Tradition teilt man diesen Prozeß in vier Phasen ein:

- Loslassen
- Sehen
- Sein lassen
- Befreien.

Wird die Subjekt-Objekt-Trennung überschritten, ist der Geist ganz wach und klar; es ist ein Zustand ohne jegliche Methode und ohne Ablenkung durch irgendeine geistige Aktivität. Dann wird die Natur des Geistes offenbar, und man »sieht die Dinge, wie sie sind«. Dann bilden auch Gedanken keine Ablenkung mehr, sondern sind eine Manifestation der Erkenntnis.

Zuerst sind es kurze Augenblicke, in denen sich solch ein Zustand offenbart, doch mit zunehmender Vertrautheit – wenn man den Zustand einfach so sein lassen kann, wie er ist – werden sie häufiger und dauern länger. Ist der Zustand

der Offenheit und Klarheit ohne Ablenkung ganz stabil geworden, nennt man ihn »Verwirklichung« oder »Befreiung«.
Tantrische Meister sind in der Lage, eine Situation herzustellen, in der die Schüler diesen Zustand erkennen können (»von Angesicht zu Angesicht setzen«). Zudem gibt es tantrische »Einweihungen«, in denen eine Verwandlung der subtilen Energie sozusagen vorweggenommen wird. Eine solche Einweihung wirkt wie ein Samen, der durch die Meditations- und Energiepraxis zum Aufgehen gebracht wird.

In Prozessen denken

Zu Beginn der Energiearbeit haben wir noch nicht wirklich Berührung mit der subtilen Energie, sondern stellen sie uns zunächst nur vor. Doch wir nähern uns ihr mittels der Übungen nach und nach an, oder man könnte sagen: Wir legen sie frei. Wir bedienen uns der Prinzipien, die in der tantrischen buddhistischen Praxis angewendet werden – obwohl man hier nicht von tatsächlicher tantrischer Praxis reden kann.
Das ist so ähnlich, wie wenn wir uns vornehmen, nach Rom zu fahren. Wir wissen, daß Rom existiert – wir haben darüber gelesen, man hat uns davon erzählt und uns Bilder gezeigt. Solange wir an Rom denken, geschieht gar nichts. Bestenfalls wächst die Sehnsucht, einmal diese Stadt zu besuchen. Doch dann setzen wir uns ins Auto und fahren los. Nun ist unsere Situation völlig verändert. Wir haben ein Ziel vor uns, und wir sind wirklich unterwegs. Bis zu dem Augenblick, in dem wir Rom erreicht haben, sind wir nicht wirklich in Rom. Aber nahe daran – immer noch näher. Und das bedeutet zunehmende Veränderung.
Wenn also ein übereifriger Jünger der Esoterik sagt: »Keine Sorge, du bist Buddha, du bist Jesus, so einfach ist das!«, dann

hat er außer acht gelassen, daß man keineswegs in Rom ist, wenn man nur von Rom träumt. Wohl aber können wir mit Fug und Recht sagen: »Der Weg ist das Ziel«, denn wenn man unterwegs ist, kommt man immer näher, und so hat man von Anfang an schon das Ziel im Gepäck.

Allerdings kann man auch zu ganz anderen Zielen hin unterwegs sein als zur Mitte des Mandala, zur Befreiung des Geistes. Dann ist das kein spiritueller Weg und sollte auf keinen Fall mit einem solchen verwechselt werden – ein Problem, das im Bereich dessen, was man pauschal als Esoterik bezeichnet, häufig auftritt. Der Erwerb »besonderer Fähigkeiten«, der häufig mit Energiearbeit assoziiert wird, hat mit Spiritualität im Sinne des Weges zur Befreiung nichts zu tun. Der berühmte chinesische Autor Ge Hong, der im 3. Jahrhundert unserer Zeitrechnung lebte, schrieb kritisch über die Adepten der Energiearbeit, die an einer vordergründigen Zielsetzung hängenblieben: »Es gibt Einsiedler, die wegen recht armseliger Künste zu Ruhm gelangen – wie etwa die, von marodierenden Soldaten verschont zu bleiben, Dämonen zu bannen, immun gegen Gift und Krankheit zu sein, sicher und unbedrängt von wilden Tieren durch das Gebirge zu reisen, unbehelligt von Krokodilen und Drachen Ströme zu durchqueren, gegen Seuchen gefeit zu sein oder sich bei Gefahr unsichtbar zu machen. Alle diese Dinge sind recht trivial. Gleichwohl«, so setzte er noch hinzu, »geringschätzen sollte man sie nun auch wieder nicht.«

Dualismus und Befreiung vom Dualismus

Dualismus bedeutet Trennung, Gegensätzlichkeit. Dazu gehört auch die Trennung in relativ und absolut. Auf der Ebene unserer Erfahrung bedeutet Dualismus, daß wir Außen und

Innen, »ich« und »andere« trennen, daß wir selektieren und bewerten und alles, was geschieht, auf uns selbst beziehen und sehr ernst nehmen. Wir sagen: »So ist es« und: »So ist es nicht« und sind uns ganz sicher, recht zu haben, weil wir nun einmal dieser Meinung sind. Wir erkennen nicht, daß Meinungen immer relativ sind und wir als absolut betrachten, was in Wirklichkeit relativ ist. Das ist der »normale« Geisteszustand.

Nicht-Dualismus bedeutet Nicht-Trennung, also Einheit. Dieser Zustand der Einheit wird im tibetischen Buddhismus als »Seligkeit-und-Leerheit« beschrieben. Seligkeit bezieht sich auf den vollkommen glücklichen Zustand, der sich einstellt, wenn kein Gedanke mehr festgehalten wird. Leerheit bezieht sich auf das Freisein von dualistischen Festlegungen.

Zwischen den beiden Punkten Dualismus und Nicht-Dualismus liegt der spirituelle Weg – das heißt, es handelt sich nur dann um einen spirituellen Weg, wenn er zum Zentrum des Mandala führt.

Das Mandala sind wir selbst. Wir haben die »Buddha-Natur« in uns, wir sind unserer Natur nach frei, vollkommen, unbegrenzt. Es ist alles schon da, doch es muß noch »ausgewickelt« werden.

Übersetzt in die Sprache der Energiearbeit: Die Einheit von Körper und Geist ist bereits vorhanden – als »*Vajra*-Körper«, wie man im *Tantrayana* sagt. Durch die Verbindung der Ausrichtung auf das Zentrum des Mandala mit den Mitteln der Energiearbeit wird der *Vajra*-Körper, der allerfeinste Energiekörper, freigesetzt oder »verwirklicht«. Das nennt man den Weg der Energie oder *Tantrayana*.

Wir können alle Übungen, die in diesem Buch vorgestellt wurden, in das Energie-Mandala einfügen. Die beschriebenen Energieebenen sind in Wirklichkeit nicht stufenförmig voneinander getrennt. Die strukturierende Abgrenzung dient nur der Orientierung, denn das ist nun einmal die Art und Weise, wie unser (mit der männlichen Energie verbundenes) Denken funktioniert und uns die angemessene Ausrichtung ermöglicht. Doch sobald wir uns praktisch übend der Energieebene nähern – über Bilder und Gefühle (die mit der weiblichen Energie verbunden sind) –, werden die fließenden Übergänge deutlich.

Balance

Die alten Lehren sagen, daß Meditation ohne die Basis des entspannten, beruhigten Geistes nutzlos ist. Dasselbe gilt, wie gesagt, auch für sinnvolle Energiearbeit. Vom Standpunkt des Energie-Mandala ist Entspannung eine ganzheitliche Angelegenheit. Doch da wir es gewohnt sind, Körper und Geist getrennt zu erleben, versuchen wir entweder einseitig den Körper zu entspannen oder einseitig den Geist zu beruhigen. Beides sollte jedoch im Einklang sein.
Das Ziel ist ein balancierter Zustand zwischen den Extremen von Hochspannung und Zusammenbruch, Anspannung und Abspannung. Unsere Körper-Geist-Ganzheit ist wie eine Saite. Strafft man sie zu sehr, kann sie nicht genügend schwingen, und der Ton ist hart und abgehackt; strafft man sie zu wenig, hängt sie durch, und der Ton zerfällt. Gesund und wohltuend ist ein mittlerer Zustand zwischen diesen Extremen. Das ist der Ausgangspunkt sowohl für echte Energiearbeit als auch für Meditation.

Übung
Meditation nach tantrischer Tradition

Stellen Sie sich über Ihrem Kopf eine Gestalt vor, die für Sie die überindividuelle, reine, »göttliche« Energie verkörpert – Jesus, Maria, Buddha, Kwan Yin o. ä. Diese Gestalt drückt die kostbarsten Eigenschaften aus, die wir kennen: Weisheit, Mitgefühl und große Kraft oder Macht. Und auch die Energie, die sie ausstrahlt, trägt diese Eigenschaften.

Die göttliche Gestalt sitzt oder steht und ist von einer strahlenden Sphäre umgeben, die Ihren Kopf berührt. Nehmen Sie, so gut Sie es vermögen, Verbindung mit dieser göttlichen Präsenz auf. Stellen Sie sich vor, daß das göttliche Energielicht in Sie einströmt, bis es Sie ganz erfüllt. Für die mittelalterliche Mystikerin Hildegard von Bingen war dies eine spontane Erfahrung, über die sie schrieb: »Als ich zweiundvierzig Jahre und sieben Monate alt war, kam ein feuriges Licht mit Blitzesleuchten vom offenen Himmel hernieder. Es durchströmte mein Gehirn und durchglühte mir Herz und Brust gleich einer Flamme, die jedoch nicht brannte, sondern wärmte, wie die Sonne den Gegenstand erwärmt, auf den sie ihre Strahlen legt.«

Anfänger der Energiearbeit erleben natürlich nur einen winzigen Bruchteil solcher Intensität. Wenn Sie jedoch sehr entspannt und mit großer Offenheit praktizieren, kann die Übung zu einer sehr beeindruckenden Erfahrung werden, vor allem dann, wenn Sie eine innige Beziehung zu der gewählten göttlichen Gestalt aufgebaut haben.

Wenn Sie sich von dem hellen, heilenden Energielicht ganz erfüllt fühlen, lösen Sie die Gestalt über sich in Energielicht auf und holen diese Energiequelle durch den Scheitelpunkt in Ihr Herzzentrum herunter. Bleiben Sie dann mit dem inneren

Bild so lange verbunden, wie Sie es sich vorgenommen haben – zehn oder fünfzehn oder zwanzig Minuten lang. Sie sind von Energielicht erfüllt. Sie sind ein strahlender Lichtkörper. Kehren Sie jedesmal, wenn Sie bemerken, daß Ihr Geist weggewandert ist, wieder zu diesem Bild zurück.
Verbinden Sie sich zum Abschluß mit dem Atem, ohne die Vorstellung des Energielichts in Ihrem Körper absichtlich aufzulösen. Es verblaßt bald, hinterläßt jedoch ein lang anhaltendes Gefühl der geistigen Ruhe und Klarheit, des Mitgefühls und der Kraft.

Variante

Dieselbe Übung ist auch ohne Personifizierung der nach außen projizierten Energiequelle möglich. Wichtig ist, daß sie in Ihrer Vorstellung die gleichen Eigenschaften trägt: Weisheit, Mitgefühl und Macht.
Seien Sie sich darüber im klaren, daß solche Übungen eine Ebene in Ihnen selbst erschließen, in der diese Eigenschaften vorhanden sind. Sie kommen nicht von »außen«. Die Projektion nach außen verdeutlicht nur die Tatsache, daß es sich hier um eine Energie handelt, die nichts mit unserem Ich zu tun hat. Wir können sie nicht produzieren und auch nicht manipulieren. Sie ist unser ursprüngliches Wesen, die Essenz unserer körperlich-geistigen Existenz, die wiederum von der subtilen Energie durchdrungen ist. Übungen, die sich auf die subtile Energie beziehen, helfen uns, die Tür zu öffnen, so daß sich diese Eigenschaften manifestieren können.

Sicher ist Ihnen aufgefallen, daß diese Meditation Ähnlichkeit mit der Übung der Selbstheilung und anderen meditativen Übungen hat. Tatsächlich liegt der wesentliche Unterschied nur im Verständnis der Zielsetzung. Ob man sich die Quelle der Energie außen oder innen vorstellt, spielt keine Rolle, sofern man versteht, daß Außen und Innen auf der Energieebene nicht getrennt sind. Das Spiel mit Außen und Innen dient lediglich dazu, unsere gewohnheitsmäßige Festlegung aufzulockern.

Vom Standpunkt des spirituellen Weges ist jegliche Praxis mit dem subtilen Energielicht eine meditative Übung. Es geht immer darum, auf eine andere Ebene zu wechseln, sich mit der »Welt« der Energie anstatt mit der materiellen Welt zu identifizieren. Denn echte Transformation bedeutet nicht, sich zu »bessern«, sich von einer schlechteren Verhaltensnorm zu trennen und eine bessere Verhaltensnorm aufzubauen. Das mag unter Umständen als Voraussetzung nötig sein, damit man überhaupt in der Lage ist, einen spirituellen Weg einzuschlagen, doch es gehört lediglich zu den vorläufigen Zielsetzungen. Wirkliche Transformation, die radikale Verwandlung vom potentiellen Menschen zum wirklichen Menschen, bedeutet sogar mehr als die Veränderung der Erfahrung. Sie bedeutet die totale Veränderung der Energie.

Wirklichkeiten

Im tibetischen Tantra heißt es, daß diese Veränderung mit der Erfahrung von »großer Seligkeit« verbunden ist. Auch die Annäherung an diese Erfahrung hat eine mehr oder minder ausgeprägte Qualität ekstatischer Freude. Doch zunächst kann es ganz anders kommen. Es hängt davon ab, für wie solide man die gewohnte »Realität« hält, wie stark man sich mit ihr identifiziert.
Die Energiearbeit führt zu einem anderen Realitätsgefühl. Sofern man flexibel genug ist, das akzeptieren zu können, ist

es gut. Wenn nicht, kommt es zu einer Kollision beider Realitäten, und es entsteht heftige, beängstigende Verwirrung. Also ist es wichtig, sich über die Relativität dessen, was wir Realität nennen, Klarheit zu verschaffen. Die folgende Übung unterstützt diese Einsicht.

Übung
Zweiheit und Einheit

Für diese Übung sollten Sie einen Partner haben, der oder die Ihnen gegenübersitzt. Falls das nicht möglich ist, stellen Sie sich ein Gegenüber vor. Sitzen Sie aufgerichtet, aber entspannt auf dem Stuhl oder auf einem Sitzkissen dem anderen gegenüber, und schließen Sie die Augen. Verbinden Sie sich mit dem Atem, bis Sie ganz ruhig geworden sind.
Stellen Sie sich vor, daß von Ihrem Herzzentrum weißes Energielicht ausstrahlt. Ihr materieller Körper wird mehr und mehr zu einem Lichtkörper. Dabei lösen sich auch die Differenzierungen des materiellen Körpers auf, bis Sie sich schließlich nur noch als vage Form wahrnehmen, wie ein strahlendes Ei. Bleiben Sie etwa zehn Minuten bei dieser Wahrnehmung. Kehren Sie, falls die Gedanken zwischendurch wegwandern sollten, immer wieder zu diesem Bild und dem damit verbundenen Gefühl zurück.
Richten Sie nun, ohne dieses Bild aufzulösen, Ihre Aufmerksamkeit auf die andere Person. Die Augen bleiben geschlossen. Stellen Sie sich vor, daß das Herzzentrum des Gegenüber zu strahlen beginnt. Das Energielicht breitet sich aus, und Sie nehmen nun auch den anderen als strahlenden Körper wahr. Entspannen Sie sich in dieser Wahrnehmung. Wenn sich Gedanken dazwischendrängen, wie etwa Beurteilungen der anderen Person, dann lassen Sie diese Gedanken vorbeiziehen

wie Wolken und kehren Sie sofort wieder zu der angezielten Erfahrungsebene zurück.

Nach etwa zehn Minuten stellen Sie sich vor, daß sich das Energielicht wieder ins Herzzentrum der anderen Person zurückzieht, bis nur eine komprimierte Kugel oder Sphäre aus Energielicht zurückbleibt. Schließlich verblaßt auch dieses.

Richten Sie dann die Aufmerksamkeit wieder auf sich selbst. Bleiben Sie noch ein paar Minuten in der Wahrnehmung Ihrer selbst als ein strahlender Lichtkörper, und sammeln Sie dann die Energie im Herzzentrum ein.

Verbinden Sie sich zum Abschluß mit dem Atem, und richten Sie die Wahrnehmung auf den Unterbauch. Spüren Sie den Körper, die Haltung, den Kontakt mit dem Boden.

Diese Übung vermittelt Ihnen ein Gefühl dafür, daß Sie auf der Ebene der subtilen Energie nicht getrennt sind. Keine Trennung bedeutet, kein trennendes Gefühl von »ich« und »anderen« zu haben. Demnach ist die Ebene der Trennung – also die Ebene unserer normalen Erfahrung – relativ. Wenn Sie zum Beispiel Ärger mit Ihrem Partner haben und denken, daß Sie im Recht sind und der andere im Unrecht ist, bewegen Sie sich auf der relativen Ebene. Es mag durchaus sein, daß Sie vordergründig »recht haben«; dennoch ist das nicht die ganze Wahrheit. Die ganze Wahrheit beinhaltet beide Wahrheiten: die Wahrheit der relativen oder oberflächlichen Ebene und die Wahrheit der nichtrelativen oder grundlegenden Ebene.

Im Hinblick auf die beschriebene Übung ist die ganze Wahrheit, daß Sie sowohl ein materielles Wesen sind (das relative oder bedingte Selbst) als auch ein Wesen aus reinem Energielicht (das nicht dualistische wahre Selbst), und die andere Person ebenfalls. Wir werden der ganzen Wahrheit nur dann gerecht, wenn wir beide Wahrheiten gleichzeitig erkennen.

Das ist der springende Punkt der tantrischen Meditation, von der unsere Beispiele abgeleitet sind. Diese Beispiele ermöglichen Ihnen einen kleinen Blick durchs Schlüsselloch. Wenn Sie diese Tür jedoch öffnen wollen, brauchen Sie dazu unbedingt einen authentischen Lehrer bzw. eine Lehrerin. Diese Person kann Ihnen dank ihrer eigenen stabilisierten Erfahrung der nicht-relativen Ebene die Möglichkeit geben, in das Feld der höchst subtilen Energie einzutauchen und die Fähigkeit zu dieser Art der Wahrnehmung in Ihnen zu erwecken.

Da Sie jedoch diese Erfahrung zunächst nicht kennen, könnte es geschehen, daß ein Möchtegern-Lehrer mit des Kaisers neuen Kleidern daherkommt und Ihre vertrauensvolle Bereitschaft mißbraucht. Deshalb ist es sinnvoll, jemanden zu suchen, der bzw. die sich auf eine Tradition, authentische Lehrer und eine Autorisierung berufen kann. Das gibt zumindest ein bißchen mehr Sicherheit. Nach einiger Zeit werden Sie dann selbst entscheiden können, ob Ihnen die Einweihungen und Meditationsmethoden, in die Sie diese Person einführt, wirklich weiterhelfen.

Nachwort

»Harmonie im Alltag« bedeutet nicht, daß es darum geht, einen himmlischen Zustand anzustreben. Der Prozeß der Harmonisierung schafft vielmehr die Voraussetzung dafür, daß wir uns wohler fühlen und uns weniger in die Welt des Urteilens, des Schuldzuweisens und des (absoluten) Glaubens an (relative) Erfahrungen verstricken.

Auf der körperlichen Ebene erspart uns die Entspannungs- und Energiearbeit nicht die Mühe, Rücksicht auf unseren Körper zu nehmen, auf angemessene Ernährung zu achten, unsere Lebensenergie nicht blind zu verausgaben usw. Auf der psychischen Ebene erspart sie uns nicht die Mühe, uns beherrschen zu lernen, Freundlichkeit und Mitgefühl anderen gegenüber zu entwickeln, uns anständig zu verhalten usw. Das mag selbstverständlich klingen, ist es aber nicht. Selbsterziehung ist unumgänglich. Doch sie wird durch Entspannungs- und Energiearbeit wesentlich erleichtert, denn damit unterstützen wir unsere grundlegende Gesundheit – die geistige wie die körperliche.

Dank

Meinen Lehrern Tarab Tulku und Zhi-Chang Li, die mich mit der tibetischen bzw. chinesischen Energiearbeit vertraut gemacht haben, bin ich zu tiefstem Dank verpflichtet. Zhi-Chang Li unterwies mich im Stillen Qi Gong, und Tarab Tulku öffnete mir die Tür zum Verständnis der Prinzipien der tantrisch-buddhistischen Energiearbeit.

Caroline Myss
Chakren – die sieben Zentren von Kraft und Heilung
Umfassend und differenziert beschreibt Caroline Myss das von den sieben Chakren organisierte Enegiefeld des Körpers und integriert in ihre Beschreibungen christliche, kabbalistische und buddhistische Vorstellungen von der Kraft der sieben spirituellen Ebenen.

Andy Baggott und Sally Morningstar
Kristalle, Chakren und Farben
Die Autoren geben einen Überblick über die wichtigsten Steine, ihre Eigenschaften und die Bedeutung der einzelnen Farben. Ein alphabetisches Verzeichnis der einzelnen Steine machen das Buch zu einem kompakten Begleiter für den Umgang mit Heilsteinen.

Alice Burmeister und Tom Monte
Heilende Berührung
Jin Shin Jyutsu® vermag den Energiefluss durch die Berührung spezifischer Körperpunkte und durch Atemtechniken zu harmonisieren. Und das Beste ist: Jeder kann es praktizieren. Die bislang einzig geschlossene Darstellung dieses Heilsystems.

Michael Reed Gach
Heilende Punkte
Beschreibungen zum einfachen Auffinden der Akupressurpunkte sowie effiziente Techniken, durch die Kopfschmerzen, Erkältungen, Schlaflosigkeit, Rückenschmerzen, Depressionen und vieles mehr erleichtert und geheilt werden können.

Hong Liu
Qi-Gong-Wunder

Der spektakuläre Bericht des chinesischen Arztes und Qi-Gong-Meisters Hong Liu über die Kunst der acht goldenen Übungen, die zu Ruhe, Gelassenheit und Gesundheit führen.

Christine Koenigstein
Bewusste Gesundheit durch Qi Gong

Auch westliche Ärzte erkennen inzwischen die Möglichkeiten, mit dem ganzheitlichen Ansatz von Qi Gong, Stress zu reduzieren und die Heilung von Krankheiten zu unterstützen. Christine Koenigstein stellt ein Programm für Anfänger zusammen. Die Übungen sind einfach, leicht erlernbar und können bis ins hohe Alter nachvollzogen werden.

Cathy Hopkins
92 Wege zur Entspannung

92 erprobte und einfache Methoden, um in wenigen Minuten Entspannung von Körper und Geist zu erreichen: Massagen, geistige und körperliche Entspannungstechniken, Meditationen und spirituelle Übungen mit geringem zeitlichen Aufwand, die fast überall praktiziert werden können.

Kim da Silva / Do-Ry Rydl
Kinesiologie

Edu-Kinesthetik (Educational Kinesthetik) ist die einzige Form von Kinesiologie, die der Laie anwenden kann. Ohne auf einen Therapeuten angewiesen zu sein, kann man in eigener Verantwortung üben und täglich etwas für sein Wohlbefinden tun.